小・中・高教師のための
政策教育入門

磯崎育男

芦書房

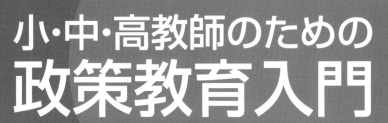

はじめに

執筆の背景

周知のようにこれまで政治教育は、わが国においてあまり注目されてこなかった。また、その研究者も数少ない。さらに、政治教育が展開されてきた社会科・公民科は、系統学習が強調されたとしても、政治学を含む社会科学の成果を十分に取り込んできたとはいえない。教材の一つである教科書を見ても、どれだけ政治学の研究成果が活用されているのか、かなり疑問である。もっぱら政治的記述や説明は制度論が中心であり、制度論といっても例えば憲法解釈論にすらほとんど踏み込んでいない。

小学校の第6学年に実施されてきた「政治」は、ほぼ憲法学習を中心に構成されるとともに国際理解教育の側面が組み込まれ、実際上の授業時間も非常に少ない。中学校社会科の公民分野は、政治的・経済的・社会的内容と課題探求学習に分かれ、政治的内容では、国家レベルや国際レベルの政治の記述が増加するものの、依然として制度や機構を中心とした内容となっている。高校は、社会科が１９８９年に、地歴科と公民科に分かれ、後者は「現代社会」[1]（4単位から2単位）、「政治・経済」（2単位）、「倫理」（2単位）から構成されたが、内容においては、全体として政治教育に特定した場合、制度・機構の中心性は変わらないといえる。このように、学校教育の現場では、政治教育は「政治的中立性」の制約もあり、政治の現実を十分に教えるに至っていない。

近年シティズンシップ教育や18歳選挙権に伴う主権者教育などがさまざまに試みられ、一定の成果は見られるものの、投票率は、２０１７年の衆議院議員選挙では5割に接近しており、選挙の正当性自体が危ぶまれるラインに近づいている。また、地方に目を転じれば、無投票当選が都道府県議会議員選挙で議員定数の5分の1近くに増えるなど、デモクラシーの基盤が崩壊しつつある。このような状況はこれまでの政治教育が原因で生じたとはいえないであろうが、政治教育の不全がその要因の一つとなっていることは認めざるを得ない。

本書の目的

以上の状況にかんがみ、本書は、政治教育を革新するために海外の事例を紹介したり、単元ごとの授業実践を提案したりするのではなく、小・中・高等学校のカリキュラム全体を改編し、政策教育(2)として政治教育を再出発させようと試みる。ただし、ここでは、カリキュラムのフレームを示すだけでなく、各学校種で活用できる、授業時間ごとの中心的・副次的問いの体系や指導の概略を示すことによって、児童・生徒に身につけさせたい知識や態度を提示している(3)。

先行研究

本書で参照した文献は膨大である。政治学の教科書から古典、政策科学の文献のみならず、社会科教育やシティズンシップ教育の業績、カリキュラム論など数えれば数限りない。ここでは、政策教育と銘打った著作はほぼ皆無であるので、主として政治教育に関連する研究のうち、カリキュラム設定に直接的・間接的にかかわる文献のみを紹介するにとどめる。ただし、政治教育の境界認識も識者により異なっていることを断っておきたい。(4)

わが国の政治教育カリキュラムに関連しては、全体として社会科教育の研究者が、アメリカ、イギリス、ドイツなどの文献を紹介したり、それを活かして授業案を展開したりしているものが多い。なお、紙幅の関係でここでは簡略化した形で先行研究を紹介する。

1970年代以降に限定すれば、谷本美彦（1971年）(5)は西ドイツの各州のギムナジウムにおける政治教育の指導要領を分析し新たな方向性を提示するとともに、別稿で『アメリカ人の政治行動』を使い、政治学習を展開しようとしている（谷本　1976年）。また、森本直人（1979年）は、アメリカの政治教育プログラム（高校生用）を、山田格（1980年）は、B・クリックの政治教育論を紹介し、福田正弘（1983年）は、ドイツの州レベルにおける政治カリキュラムの開発手順を取り上げている。

そのほかアメリカの社会科カリキュラムの研究としては、溝口和宏（1997年）、横山秀樹・森分孝治（2000年）、山田秀和（2008年）などが、アメリカの公民教科書の分析としては、阪上順夫（1993年）や吉村功太郎の一連の研究（1996年a、1996年b、1999年）がある。また、イギリスについては、シティズンシップ教育におけるナショナル・カリキュラムにかかる研究は数多いが、例えば最近では、奥村牧人（2009年）、長沼豊・大久保正弘編著（2012年）、杉浦真理（2013年）と教科書の内容分析を行った吉村功太郎（2012年、2014年）を挙げておこう。さらにドイツについては、大友秀明（2005年）が政治・社会学習論を紹介しているほか、藤田詠司（1986年、2006年、2007年、2010年）は、さまざまなドイツの政治教育学研究者の議論を紹介している。

このほか、政策やその過程を検討している文献として、歴史学習からのアプローチとして児玉康弘の政策批判学習、批判的解釈学習（1999年a、1999年b、2002年、2005年）やサービス・ラーニングにおける学習プロセスにかかる唐木清志の研究（2008年）がある。また、カリキュラムのフレームや開発プロセスに関連する佐長健司の研究（2001年、2002年a、2002年b）もある。

以上のように欧米を中心とする紹介が多数を占めるが、そのなかで桑原敏典がアメリカの政治教科書やプロジェクトなどを紹介したり、教授書案を展開したりしてきた（1998年、2000年、2001年a、2001年b、2004年a、2004年b）ことや西村公孝（2014年）が、公民教育を地域レベルの自治学習、国家レベルの公共政策学習、国際レベルの多文化共生学習に分け、それぞれのレベルの公民性を育成するカリキュラムを小中高の全学年を視野に入れて展開していることが注目される。

そのほか政策教育としての政治教育カリキュラムを、わが国の小中高の授業計画や授業内容において構想してきたのは、政治学から政治教育にアプローチしてきた磯崎である。当初は、小単元レベルの授業案開発やアメリカのナショナル・イシューズ・フォーラム、「公共政策分析者」の紹介や合意形成学習の検討を行ってきたが、その後、小中高におけるカリキュラムの提示を目指した。それが、２０１４年から２０１７年までの論稿である。そこでは基礎カリキュラムと事例カリキュラムの一部を展開しており、本書のベースとなったものである。

本書の構成

本書は、最初に政策教育の定義、目的、関連教育との異同、内容や方法について瞥見する。次いで、政策教育の小・中・高等学校のカリキュラムを基礎カリキュラムと事例カリキュラムの順に展開する。前者については、紙幅の関係で主発問（ＭＱ）・補助発問（ＳＱ）を中心に記述し、後者については、「水と政策」、「廃棄物と政策」、「税と政策」を取り上げ、その指導の概略までおりて説明している。最後に、政策教育および同カリキュラムの意義と課題を議論し、本書を終える。

謝辞

本書は、日本税理士会連合会の寄付講座による奨学寄附金を活用し、出版するものである。同団体には、この場を借りて謝意を表したい。

平成30年2月

著　者

目　次

第2章　小学校における政策教育カリキュラム

第3章 中学校における政策教育カリキュラム

第4章 高校における政策教育カリキュラム

第5章　政策教育の意義と課題

第1章　政策教育カリキュラム設定の前提

1　政策教育とは

（1）定義と目的

政策教育は、文字通り「政策」と「教育」からなる複合語である。政策とは、公的問題の解決手段や意図された行動指針であり、ここでは政府が責任を有する政策を中心に論じることとする。その意味で、政策とは、「政府がする、もしくはしないことを選択すること」（T・ダイ）もしくは「社会に対する権威的価値配分」（D・イーストン）である。

政策教育とは、政策を戦略概念として組み込んだ政治教育である。

その目的とは、わが国の教育基本法1条の目的における「平和で、民主的な国家及び社会の形成者」の育成であり、小・中・高等学校の教育にとどまらず、成人教育を含め、生涯を通じて成し遂げられるものである。政策的視点を含めて敷衍すれば、その目的とは平和で民主的な国家・社会を実現するために、政策を構想し、評価できる主体を育成することである。

（2） 関連教育との異同

ここでは、法教育、主権者教育、社会科教育、シティズンシップ教育と比較してみよう。ただし、論者によりそれらの概念の内包や外延が異なることも断っておかなければならない。ここでは各教育の一般的傾向を踏まえた記述を行う。

まず法教育は、小・中学校社会科の学習指導要領等で、２０１１年度以降導入されているものであるが、教科を基盤としていない。これは18歳選挙権の施行に際して脚光を浴びた主権者教育も同様である。法務省、総務省・文科省の資料を見る限り、本書で展開する政策教育に包含されるものである。ある意味で、これまでの政治教育の機能不全が、このような教育の重要性を浮上させたともいえよう。

次に社会科教育であるが、これまでの政治教育のあり方からその一角を形成することになると一般に理解されようが、後述するように政策教育の内容は、既存の社会科教育の研究や実践が力点を置いていなかった部分、例えば政策以外に国家や政治権力などを適切に扱おうとしている。いわばアメリカ各州の教育スタンダードに多く規定している「政府と公民」（Government and Civics）のうちこれまでの社会科教育は、公民に重点が置かれてきたのに対し、政策教育は両者のバランスを取ろうとしているといってよい。

最後に、シティズンシップ教育との比較であるが、端的にいってその目的は、改正教育基本法の目的にある「人格の完成」に近く、Ｂ・クリックが設定する三つの目的の一つである政治的リテラシー、政策リテラシーの育成にかかわる政策教育を、目的の広さにおいて包含しているといえる。(6) ただし、知識のすそ野でみると政策教育は、自然科学、人文・社会科学の成果のうえに載っており、シティズンシップ教育と異なる広がりを持っているとみることもできる。

この後の議論で明らかになろうが、政策教育において中核となるのは、政策を戦略的に活用しながら政治の本質に対する理解を通じた公民的資質や能力の育成にある。

2 政策教育の内容

政策教育の内容は、これも改正教育基本法に直結する形で構想する。すなわち、同法14条における「政治的教養」と同法1条の目的として設定される「平和で、民主的な国家及び社会」およびその「形成者」と14条にも規定される「公民」が政策教育の内容を導く嚮導概念となる。

前者から、①政治とは何だろうか、という問いが、後者からは、②国家および社会とは何だろうか、③平和とは何だろうか、④民主的とはどういうことだろうか、⑤「形成者」や「公民」とは何だろうか、また、その資質とは何であろうか、が問いのコロラリーとして出される。なお、最後の「形成者」、「公民」は、主体概念であり、①、②をその必要性を含め十分理解し、③、④についてもその実現の難しさを認識するとともに、その理想に向かう態度を培いながら、公民としての自己認識を含みつつ権利・義務を行使し、他者と協働しながら政策を構想し、評価できる国民の育成が問われることになる。以下、それぞれの大概念（Big Ideas）を見ていこう。

（1）政治とは何だろうか

改正教育基本法14条の「政治的教養」は英訳すれば、political literacyである。この政治的教養とは、まさに古典的な教養・知識を含み、政治の基礎的知識だけでなく、その運用の技術をも包含する。また一般に政治概念は、「政策性」とともに「権力性」によって形作られることも忘れてはならない。

これまでわが国の政治教育は、教材としての教科書を含め、前述のとおり静態的な制度論や理想論が中心であったといえる。しかし、例えば小学校社会科の学習指導要領では、政治の働きが国民生活に重要であることを日本国憲法に体現される理想とともに強調しているものの、授業実践や教科書では十分活かされずにきているのが実状である。理想と現実のバランスをしっかりと身に着け、その理想と現実のギャップから政策を導いていく知的営みを考えさせるには、制度論にとらわれない枠組みが必要である。このような要請にかなうものとして、ドイツにおける政治の三元モデル（大友　2005年：10）が参考となる。これは、政治学の発展を考慮すれば、抵抗なく受け入れられる枠組みであり、常識的なものといえる。この三元モデルは、政治を形態、内容、過程に区別するものとされ、形態は、憲法、法律、制度などの政治行為の枠組みとし、内容は、政治的な問題やその解決策である行為プログラム、過程は、政治的な意思形成・決定プロセスとされる。このモデルを参考に、意思決定の背景としての「制度・構造」、意思決定過程そのものとしての「過程」、意思決定のアウトプットやアウトカムとしての「政策・効果」を鍵概念として設定し、以下概観する。

1 制度・構造

これは、一定の歴史性を有する政治構造（国際・国内ルール、過程の発現規則等を含む）、正統性原理、政治的価値構造（政治文化）、アクター別権限の体系や国家の政策手段である組織や政治勢力の構成、運用ルール、財源構造を指示し、「政治体制」と集約することもできる。

2 過程

過程とは、国民を含む政治的アクターが、制度・構造のなかで展開するアクター間の行動連鎖であり、大きくは政策過程とリクルートメント（アクター抽出）過程に分かれる。

前者は、アクターにより政策がつくられ、実行され、評価されるプロセスを、後者は、政策だけでなく、政策の担い手を選ぶ活動であり、選挙とそれ以外に分かれる。

過程では、さまざまなアクターが多様な状況の認識を通じてさまざまな利益の獲得を目指すのであり、制度・構造のみがその背景となっているわけではない。

ここではアクターやステークホルダー（利害関係者）の確定やイシュー分析などが重要となる。

3 政策・効果

政策は、ある価値理念のもとに社会をありうべき方向に変化させるものである。ここでは実現しようとする目的の設定、手段の検討、実施主体を含めた政策デザインが問われる。効果は、政策が政治・経済・社会・自然過程のなかをくぐり抜けていくなかで、発現するものである。直接的効果から間接的効果まで多様であるとともに、経済的効果、財政的効果、社会心理的効果など一つの政策から多様な効果が想定される場合があることも考えなければならない。

以上を図示したのが図1である。このフレームは、政治解明の内的フレームと位置づけられるが、政治の本質である権力性を常に考えながら展開しなければならない。

(2) 国家および社会とは何だろうか

次に、「国家・社会」の意味するところを考える。「国家」や「社会」という概念は、「政治」と同様、普遍性を有しているものである。この両者を併記しているのは、国家を問わず、昨今の行政国家化は、実態として社会における「汎政治化」を推し進めており、国家と社会を分離しづらい事情も反映していよう。また、国家を政治社会として社会の一種とみると、ますます分離できないように思われる。実際これまでの社会科教育は「社会認識の形成」、「社会形成力の育成」というように、ある意味で国家概念を軽視してきた。政治社会としての国家は、他の

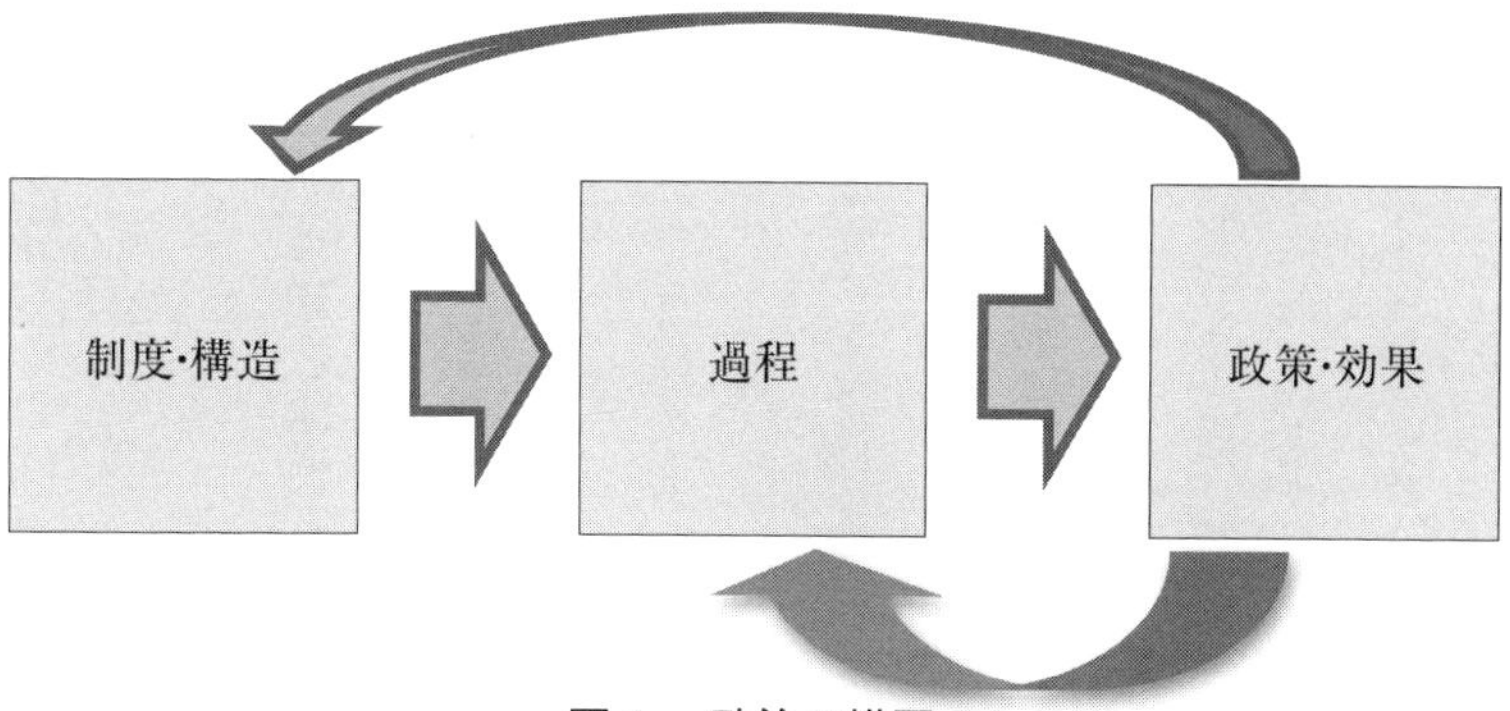

図１　政治の構図

社会にない権力性（国家権力を含む）を有しているのであり、他の経済・文化生活とは一線を画すべきものなのである。

国家概念は、広義のとらえ方と狭義のとらえ方がある。広義には、よく活用されるイェリネックの説明のように主権、領土、人民を指すが、狭義としては、統治機構（団体）を意味する。政治社会は、国内において主権をめぐって統治機構と国民を主軸に展開する。領土は、国家の重要な存立基盤であり、ある国に焦点を絞れば、その国の国境の内と外が峻別される。ここに、国際社会と国内社会が分離する。後者は、対内主権の下で秩序が形成されるが、統一的権力が不在となると内戦や内乱が生じる可能性がある。一方、前者では統一した秩序は、国内のように形成されたためしがない。したがって、国際社会においても一定の国際法秩序を前提としたとしても国家は最重要の位置を占め、対外主権を行使する。したがってわが国の地方自治法において国家が担うべき事務の筆頭に、「国際社会における国家としての存立にかかわる事務」が最初に規定されることになる。以上の見方を含めて、社会とともに深く国家について考えさせることが重要である。

（3） 平和とは何だろうか

平和理念およびそれに基づく政策は、わが国の憲法規範にかかる正統性原理の一つといってよいが、同時に国家機能の根本に関わる。

国内秩序、国際秩序を問わず、一定の持続性をもってそれらを継続させるためには、強制力が担保される必要がある。国内においても秩序維持の最後の手段が、いわゆる物理的強制力の発動である。一般に平和は、戦争、国家間の武力行使がない状態と考えられる。この戦争は、国内と連動する可能性はあるが、国内社会における内戦、内乱とは区別して考えなければならない。この事実からもわかるように、平和は、一国では成し遂げられない。すなわち国際社会の動きとかかわるのである。

平和を暴力行使の否定と考えたとしても、国同士で暴力を持ち合うことで平和が達成されていると理解できる面（リアリズム的理解）がある。現実を眺めるとリベラリズムが一定の広がりを持ちつつも「正義は力なり」が成り立つ局面もあるし、そうではない局面もある。(7) また、人権を重視する民主主義と戦争は相いれないように見えるが、「デモクラシーのための戦い」が唱えられたこともある。

わが国の平和は、絶対的平和主義に立脚しないとしたら、そのテーマは、わが国の体制を維持するために自国防衛をいかに行うか、および世界の平和にどのように貢献するかに分かれる。今後この二つのテーマにいかに取り組むかが問われ続けることになる。平和は、まさに政治生活の基礎をなす「秩序」にかかわるのであり、これらの問いかけを政策教育は行い続けなければならない。

(4) 民主的とは、どういうことだろうか

民主主義に関する議論は、従来の社会科や政策科学の目的、議論とかなり親和性を持っている。この民主主義原理もわが国の正統性原理の一つである。この用語を理念として使うのか政治体制として使用するかによっても議論は異なる。

これまで政治学においてもこの問いかけは重要な位置づけを占め、社会科や公民科の学習指導要領でもその本質の重要性を記述している。しかし、民主主義自体、人々にとってプラスのシンボルであることは変わらないものの、人口に膾炙するにつれてイメージが拡散してしまっている。また、世界中の国々は自国を民主的シンボルで飾り立てるようになり、混乱が増している。さらに忘れてはならないのは、民主的、にかかわる問いは主として国家内部の制度・構造、過程に対するもので、国際社会に関する問いではないということである。ここが平和主義の問いと異なる点であり、社会科教育において民主主義の育成のみを主張するのは、世界が複

数の国家に分割されていることを曖昧にしている。一国が民主化しても他国が民主化されず、膨張主義的強権支配が行われているとしたら、当該国の民主化も不安定化する場合があり、どのような条件があれば、民主主義体制といえるのかや、同体制成立のための必要・十分条件を歴史学習を絡め、深掘りすることが要請される。

さらに、民主政治の本質を表した言葉として、リンカーンの言葉にもある、人々による、人々のための政治は、方法としての参加による政治と目的の政治と言い換えることができるが、国民が参加したことで、国民に裨益する政策が作られるかは別の問題であることも考えなければならない。どのようにして両者が調和できるのか、その条件も模索しなければならない。日本を考えた場合、明治維新の五箇条のご誓文にある「万機公論に決すべし」が実質化されず、敗戦の経験をしたのち新憲法の下で、その実質化をいかに図るかが課題であった。しかし、国内外の課題の山積を背景に、政権は民主主義への要請と統治の効率性への要請のなかで揺れ動いているといえる。

以上のような民主主義の理想と現実を理解させ、どのような方向を目指したらよいのかを考えさせ、時には行動する国民を育成することが政策教育の課題である。

(5) 「形成者」、「公民」とは何だろうか　その資質とは何だろうか

最後に、改正教育基本法1条の「形成者」や同法14条の「公民」について考えよう。

「公民」とは、わが国の国家・社会の「形成者」として、政治における積極的な国民を意味する。(8)

わが国における公民とは、国家・社会についての認識を含む政治的教養を有し、平和主義と民主主義の理想と現実を十分理解したうえで、自分の考えを形成し、理想と現実の葛藤のなかから理想の実現を目指して政策を構想したり、評価したりする国民である。もちろんこのことは、他国民を無視し、自国中心の国民を育成することを意味しない。啓発された国民概念を彫琢していくことが必要である。また、当然のことに自己の権利と義務についても自覚的であるとともに、統治権の裁量とその濫用のリスク、人権の範囲とその濫用のリスクも十分認識していることが問われる。

以上の公民の資質・能力の向上が、政策教育の目的であるが、ここで現実の政策形成を考えた場合、公民としての限界も考えなければならない。例えば、他国と同様、外交・安全保障政策の情報が限定された形でしか国民に提供されていない現状を考えると、その任務に中心的にあたる人々(統治機構の構成者)の教育を強く意識するのはやむを得ない。すなわち、政策形成に直接携わる政治家や公務員を育成することの重要性に着目せざるを得ないのである。国民の「公民性」を高める形で、「公務員性」の向上を一般的にはかることが王道であるのは変わりがないが、一定程度公民のキャリアの一つとしての政治家や公務員の資質を直接問うことも必要であろう。公民から見た公務員の資質を常に問い続け、国民としての公民の期待と合致する方向性に持っていくことが広義の公民的資質・能力の育成にかかわるというべきであろう[9]。

以上の問題提起は、これまで選挙権については政治教育や主権者教育で重視してきたのに対し、被選挙権の重要性は看過してきたことの反省ともつながる。実際多様な立候補者が出ないと国民の選択が狭められる。政策教育においては選挙に立候補する条件、問題点、政治を志すとはどういうことかを含めて教えるとともに、生徒に考察させる必要がある。また、選出される人々は、すべての分野とは言わず、政策の基礎と自分が情熱を持って取り組める政策に一定程度精通する必要がある。また、選出されることのない一般職の公務員は、政治的行為の禁止などを理由に、政策づくりに消極的であってはならない。組織のなかで、常に「良い」政策を求めて日々格闘していかなければならない。政治家は政治家の置かれた立場から、一般職公務員は行政の継続性を踏まえつつ、実施に伴う当初の意図とのかい離などを意識した軌道修正を行っていかなければならない[10]。

政策教育は、このように「国家・社会」の認識を含めて公民的資質を育成するのである。

3　政策教育カリキュラムの構成

以上の内容を基本方針とするカリキュラムを展開するが、この内容をそのまま理解させるのは難しいので、ここではカリキュラムを2層に分けて設定する。一つが、上記の内容に応える基礎カリキュラムで、もう一つが政策を特定化した形で、体験学習も含みながら政策問題の解決を志向する事例カリキュラムである。

基礎カリキュラムの主な内容は、政策・政治の基礎、日本の国家レベルでの政治・政策、地域レベルでの政治・政策および日本を中心とした国際レベルの政治・政策である。(11)

事例カリキュラムの主な内容は、生徒たちに密着した問題から出発する。マシャラスは、内容選択基準として、児童・生徒と社会的文脈との関連性（Relevance）、その内容が思考を深められるかという熟考性（Reflection）、その内容の分析が行動につながるかを見る作用性（Action）、その内容が実践的なものであるかを問う実用性（Practicality）、人類の持続的な問題を考えることを促進したり、妨げたりすることでもたらされる理解の深さ（Depth of Understanding）を挙げている（Massialas 1996）が、ここでも一定程度それらの点を考慮し、事例を設定する。ただし、明確な基準により強く拘束されると、授業者や児童・生徒の自由な発想を阻害することも想定されるので、ここでの事例は具体的には、空気や水、食べ物、エネルギー、ごみ、移動空間、交通機関、住居、遊びなど実際の生活で触れられるものから選択することとする。(12)

ところで、一般に「学習は、体験・経験と概念や用語の往復運動のなかで成立する」（岩田一彦　２００１：１２４）のであり、基礎カリキュラムと事例カリキュラムは、相互補完の関係にあるとともに、一般化と特殊化、下向法と上向法、演繹的アプローチと帰納的アプローチの総合を意図したものということもできる。

4　政策教育の方法

政策・政治リテラシーを児童・生徒に身に着けてもらうには、児童・生徒の家庭における素養の蓄積、児童・生徒自身の能力、それまでの他の教科学習の成果などが関わるが、ここでは、児童・生徒に対面する教師の力量が大きいという前提で議論を進める。

大きく二つの方法がある。一つが教師による授業展開で、もう一つが児童・生徒の参加型授業である。しかし、後者にしても教師の授業管理は非常に重要であることは論を俟たない。ここでは紙幅の関係もあるので、そのポイントを箇条書きにして示す。

（1）主な教授方法

①比較の活用
②関係性を考えさせる教授法
③アクターの立場に立ってその行動を考えさせる教授法
④論争問題を分析し、評価させる教授法
⑤政策決定の追体験および予測を生かした教授法
⑥政策分析の手法を深める教授法

⑦オープンエンドの発問の多用
⑧概念砕き、揺らぎの創出
⑨反実仮想、思考実験の活用など
⑩メタ認知の促進
⑪批判力を含む評価の重視など

(2) 主なアクティブ・ラーニング

①ディベート型授業
②政策づくりプロジェクト
③合意形成過程にかかるロールプレイ
④ロジック・モデル[13]の展開
⑤模擬国会、模擬投票
⑥新聞の社説を含めた論理分析とプレゼンテーションなど

5　小中高の政策教育カリキュラム設定の方針

(1)　教科と時間配分

政策教育カリキュラムは、将来的に高校「政策・政治科[14]」(仮称) の形成もしくは科目「政策・政治」(仮称) の創設を目指しているが、小中では、社会科での展開をここでは想定している。ただし、基礎カリキュラムと事例カリキュラムをそのなかに入れると時間的制約も大きいので、後者については、総合的学習の時間で展開することもやむを得ないものとした。

時間数は、基礎カリキュラムにおいて小学校で35時間(半期、週1回)、中学校および高校で、70時間(通期、週1回)を想定する。事例カリキュラムに関しては、一題材当たり7時間構成とし、基礎カリキュラム実施1年前の学年における総合的学習の時間で対応し、小中高それぞれ35時間をあてるものとする。

(2)　カリキュラム構成

単元名、実施学年・教科等、単元、単元の目標、指導計画、指導の概略から構成し、指導の概略については、一部を除き教師の主発問(ＭＱ)、補助発問(ＳＱ)とそれへの対応、児童・生徒に得させたい知識、児童・生徒たちの学習活動をベースとする。なお、そこで扱うワークシート、振り返りシートや各種教材は、必要不可欠なものを除き、紙面の煩雑さを考慮して割愛している。ただし、基礎カリキュラムは、前述のとおり主発問、補助発問を中心に構成する。

(3) 事例カリキュラムの内容

本書では、「水と政策」、「廃棄物と政策」および「税と政策」を扱う。前二者は、小学校における体験学習に関わり、児童・生徒にとって身近な題材であり、「税と政策」は、消費税を除き、児童・生徒にとって実感されにくいが、他の政策を展開する前提条件になるとともに、水や廃棄物を含めた政策展開の手法としても位置づけられる特別な政策であることから、ここでは事例カリキュラムの一つとして扱う。

(4) 授業展開の基本

1 基礎・基本となる問いかけの重視

基本的知識は、思考力、判断力の前提になることはいうまでもない。発達段階におけるスコープとシークエンスの考慮は当然であるが、小中高における反復性によって概念の定着等を図り、探究活動のベースを形成する。

❷ 各レベルを扱う授業時間のバランス重視

地域レベルの扱いは、中高においてどの教科書を見ても他のレベルに比べ軽視されてきたといってよい。ここでは、国家レベル、国際レベルと同等に近い形で地域レベルを扱うこととする。

❸ 発達段階に応じた内容の深化

高学年に上がるにつれて、知識の深化が重要となる。ここでは小中高の垂直的接続を意識して内容を考案する。

❹ 児童・生徒の参加型学習の組み込み

小学校では地域レベル、中学校・高校では地域・国家・国際レベルで児童・生徒参加型学習の時間を6時間ずつ組み込み、児童・生徒の探究型学習を促進する。

第2章　小学校における政策教育カリキュラム

1　基礎カリキュラム

(1)　単元名

「政治・政策とは何だろうか。」

(2)　実施学年・教科等

6年・社会科

(3)　単元について(15)

政策・政治リテラシーの向上を図るため、政策・政治の基本、わが国の国家レベルの制度・構造、過程、政策・効果、地域レベルの制度・構造、過程、政策・効果および国際レベルの制度・構造、過程、政策・効果を扱う。

（4） 単元の目標

・平和で、民主的な国家・社会の形成のために、政策課題に対して積極的に取り組むことができる。（意欲・関心・態度）

・政治や政策とはどのようなものか、一定程度理解できるとともに、平和で、民主的な国家・社会とはどのようなものかを踏まえたうえで、その理想と現実がどのように展開し、自分たちの生活にかかわっているのかを十分認識できる。あわせて、そのような国家・社会における自己の役割、権利・義務やリーダーの役割についても理解できる。（知識・理解）

・自分たちが関わる共有する課題を解決する際に、因果的知識を含めて科学的知識等を使い、効果を考えながら手段選択の判断をおこなっていくことができるとともに、自己の考えを他者に伝え、協働しながらみんなで意思決定していくことができる。（思考・判断・表現）

・さまざまな情報源を探し、そこから得られたデータや根拠を十分活用できる。（技能）

（5） 指導計画（35時構成）

表1のとおりである。

表１　小学校における基礎カリキュラムの授業配分

<table>
<tr><td>政治・政策の基本</td><td colspan="3">第１時　政治・政策とは
第２時　政治の運営
第３時　民主主義体制とは</td></tr>
<tr><td></td><td>制度・構造</td><td>過程</td><td>政策・効果</td></tr>
<tr><td>国家レベル</td><td>第４時　日本国憲法とは
第５時　日本国憲法の特徴
第６時　国民の権利
第７時　公共の福祉と義務
第８時　わが国の統治機構
第９時　統治機構の特徴
第10時　統治機構間，統治機構と国民
第11時　政党
第12時　財政と政治意識</td><td>第13時　憲法が予定する流れ
第14時　統治機構の担い手の決定</td><td>第15時　政策とは
第16時　政策論議の深化</td></tr>
<tr><td rowspan="2">地域レベル</td><td>第17時　日本国憲法と地方自治
第18時　地方分権一括法施行に伴う国と地方
第19時　地方自治の機構
第20時　地方財政と政治意識</td><td>第21時　地域の政策決定
第22時　地方政府の担い手の決定</td><td>第23時　地域政策の展開</td></tr>
<tr><td colspan="3">第24時～第27時　児童の参加型学習の展開</td></tr>
<tr><td>国際レベル</td><td>第28時　国際社会とは
第29時　世界の平和と戦争
第30時　戦後の国際社会の歩み</td><td>第31時　外交・安全保障政策の決定
第32時　外交・安全保障の担い手の決定</td><td>第33時　日本の外交・安全保障政策
第34時　国連による政策</td></tr>
<tr><td>全体のまとめ</td><td colspan="3">第35時　上記授業の集約</td></tr>
</table>

（6）指導の概略

❶ 政策・政治の基本

【第1時】 MQ 政治・政策とは何だろうか。

SQ1 「政治」と聞いて何を思いつくのだろうか。

SQ2 まち探検や社会科見学で出会った施設は、政治と関係しているのだろうか。

SQ3 政治とはどのような活動をいうのだろうか。

SQ4 なぜ政治は私たちの生活にとって必要なのだろうか。

SQ5 政策とは何だろうか。

SQ6 政策と政治の関係はどのようなものだろうか。

【第2時】 MQ 政治はだれが行っているのだろうか。

SQ1 日本の歴史をふりかえってみよう。

SQ2 世界を見渡すとどうだろうか。

SQ3 政治の体制とはどのようなことを指しているのでろうか。

SQ4 民主主義という言葉を聞いたことがあるだろうか。

SQ5 民主主義体制とはどのようなものだろうか。

SQ6 それ以外の体制には、どのようなものがあるのだろうか。

【第3時】 MQ 民主主義体制をより深く見ていこう。

SQ１　「全国民のために」ということは実現可能なのだろうか。
SQ２　利益を受けているかどうか、についてそれぞれの人々の考えが入ってくる。人々の考えが完全に一致することはあるのだろうか。
SQ３　多数の利益に従うことがよいという多数決ルールがあるが、民主主義体制は、少数者保護の原理を考えている。この多数決と少数者保護の原理は両立するのだろうか。
SQ４　国民が決定するといっても、すべての政策について国民に尋ねられても決定できる余裕がない場合もある。また多数の合意を得るには、時間もかかり、喫緊の問題に対応できない場合もある。では、どのようにしたらよいのだろうか。
SQ５　これまでの内容をワークシートにまとめてみよう。

❷ 国家レベル

【第4時】　MQ　日本国憲法には何が書かれているのだろうか。

SQ１　日本国憲法を見てみよう。
SQ２　大日本帝国憲法と比較してみよう。どこが違い、どこが同じだろうか。
SQ３　他国の憲法と比較してみよう。

【第5時】　MQ　日本国憲法の特徴とはどのようなものだろうか。

SQ１　１章にはどのように書かれているのだろうか。

ＳＱ２　その他の内容の特徴はどうだろうか。
ＳＱ３　基本的人権の尊重とはどのようなことを意味しているのだろうか。
ＳＱ４　国民主権とはどのようなことなのだろうか。
ＳＱ５　平和主義とはどのようなことだろうか。

【第6時】　MQ　国民の権利とは、どのようなものだろうか。

ＳＱ１　国民とは、だれのことを指すのだろうか。
ＳＱ２　「公務員」とはどのような人たちを指すのだろうか。
ＳＱ３　みんなが、公務員になったらどのようなことに関心をもって仕事に取り組みたいのだろうか。
ＳＱ４　人権の内容を確認しよう。
ＳＱ５　例えば幸福追求権とは何だろうか。
ＳＱ６　参政権、請求権にはどのようなものがあるのだろうか。
ＳＱ７　選挙権はどうして重要なのだろうか。
ＳＱ８　被選挙権はどうして重要なのだろうか。
ＳＱ９　憲法はいま生きている国民だけのものだろうか。

【第7時】　MQ　公共の福祉と国民の義務は、どのようなものだろうか。

ＳＱ１　公共の福祉と人権の関係はどのようなものだろうか。

SQ2　義務にはどのようなものがあるのだろうか。
SQ3　大日本帝国憲法や他国の憲法と比較してみよう。
【第8時】　MQ　わが国の統治機構はどのように構成されているのだろうか。
SQ1　統治機構とは何だろうか。
SQ2　なぜ三権分立は必要なのだろうか。
SQ3　なぜ地方分権は必要なのだろうか。
SQ4　統治機構にはどのような特徴があるのだろうか。
【第9時】　MQ　統治機構の制度的特徴を深く考えてみよう。
SQ1　議院内閣制とは、どのような体制だろうか。
SQ2　二院制とはどのような仕組みで、どのようなメリットやデメリットがあるのだろうか。
SQ3　衆議院が優越する項目とは何だろうか。
SQ4　統治を担う人々の権限は、どのように規定されているのだろうか。
SQ5　わが国の国会組織、行政機構、裁判組織はどのように維持され、変化しているのだろうか。
【第10時】　MQ　統治機構間および統治機構と国民の関係は憲法上、どのように構成されているのだろうか。

ＳＱ１　三権間、三権と国民との関係について考えよう。
ＳＱ２　実際の作動はどのようになっているのだろうか。
ＳＱ３　国家権力の暴走はどのように防がれているのだろうか。

【第11時】　ＭＱ　政党とは、何だろうか。

ＳＱ１　政党はどのような役割を果たしているのだろうか。
ＳＱ２　国会での会派とどのように異なるのだろうか。
ＳＱ３　わが国では政党はどのように発達してきたのだろうか。
ＳＱ４　わが国における政党の議席数はどのように推移してきたのだろうか。
ＳＱ５　わが国の政党支持はどのようになっているのだろうか。

【第12時】　ＭＱ　わが国の財政や国民の意識について考えよう。

ＳＱ１　財政は日本国憲法の７章で扱われているが、どのようなことが規定されているのだろうか。
ＳＱ２　わが国の歳入は、どのように構成されているのだろうか。
ＳＱ３　わが国の財政を他国と比較すると、どのようなことがわかるのだろうか。
ＳＱ４　国民の政治への関心は、どのようなものだろうか。
ＳＱ５　どうして政治的無関心が増大しているのだろうか。

【第13時】　ＭＱ　日本国憲法などが予定する決定の流れとはどのようなものだろうか。

ＳＱ１　過程とはどのようなものだろうか。
ＳＱ２　日本国憲法の制定過程はどうであったのだろうか。
ＳＱ３　憲法改正はどのように行われるのだろうか。
ＳＱ４　国会における法律案等はどのように決まるのだろうか。
ＳＱ５　法律や予算の決め方をどのように評価したらよいのだろうか。
ＳＱ６　閣議での決定はどのように行われるのだろうか。
ＳＱ７　最高裁判所の決定は、どのように行われるのだろうか。

【第14時】　ＭＱ　統治機構を担う人々は、どのように選ばれるのだろうか。

ＳＱ１　国会議員はどうだろうか。
ＳＱ２　総理大臣はどのようにして決まるのだろうか。
ＳＱ３　国務大臣の決定はどのように行われるのだろうか。
ＳＱ４　一般行政職等の採用はどのようなものだろうか。
ＳＱ５　最高裁判所判事等はどのように決まるのだろうか。
ＳＱ６　下級裁判所の裁判官はどうだろうか。
ＳＱ７　それぞれどのような資質が必要なのだろうか。

【第15時】　ＭＱ　政策とは何だろうか。

ＳＱ１　私たちの生活と政策はどのように関連しているのだろうか。

ＳＱ２　日本国憲法と政策は関係しているのだろうか。

【第16時】　ＭＱ　政策論議を深めてみよう。

ＳＱ１　政策の種類にはどのようなものがあるのだろうか。

ＳＱ２　国の予算を内容と効果から見ていこう。

ＳＱ３　政策はどのように評価したらよいのだろうか。

3　地域レベル

【第17時】　ＭＱ　日本国憲法等において、地方自治はどのように規定されているのだろうか。

ＳＱ１　日本国憲法の８章を見てみよう。

ＳＱ２　「地方自治の本旨」とは何だろうか。

ＳＱ３　住民とは、だれを指すのだろうか。

ＳＱ４　地方公務員とはだれのことだろうか。

ＳＱ５　住民自治と団体自治の考え方にどのような相違があるのだろうか。

ＳＱ６　地方自治体の種類にはどのようなものがあるのだろうか。

【第18時】　ＭＱ　地方分権一括法に伴う国と地方の関係は、どのようになったのだろうか。

ＳＱ１　地方分権一括法の概要とはどのようなものだろうか。

ＳＱ２　国と地方との関係はどのように変わったのだろうか。

SQ３　国と地方で紛争が生じた場合はどのようになるのだろうか。
SQ４　現在の体制をどのように評価したらよいのだろうか。
【第19時】　MQ　地方自治の機構は、どのように構成されているのだろうか。
SQ１　首長はどのような活動をしているのだろうか。
SQ２　議会はどのような活動をしているのだろうか。
SQ３　行政委員会とは何だろうか。
SQ４　首長と議会との関係はどのようになっているのだろうか。
SQ５　住民の直接請求権等にはどのようなものがあるのだろうか。
SQ６　国は、地方にどのようにかかわっているのだろうか。
SQ７　地方政治と国政との関係はどのようになっているのだろうか。
【第20時】　MQ　地方財政の特徴および住民の政治への考え方は、どうなのだろうか。
SQ１　地方の収入構造はどのようになっているのだろうか。
SQ２　国にどのくらい頼っているのだろうか。
SQ３　地域住民は地方政治に関心をもっているのだろうか。
SQ４　地域住民は地方議会議員や首長に対し、どのような活動を行うものと期待しているのだろうか。
【第21時】　MQ　地方における決定とはどのようなものなのだろうか。

ＳＱ１　地方自治体内部の決定はどのように行われるのだろうか。
ＳＱ２　地方議会の審議はどのように進むのだろうか。
ＳＱ３　直接請求や住民投票はどのように進むのだろうか。

【第22時】　ＭＱ　首長や議員等をどのように選んでいるのだろうか。

ＳＱ１　首長は、どのように選ばれるのだろうか。
ＳＱ２　議員は、どのように選ばれるのだろうか。
ＳＱ３　首長や議員をどのような基準で選んでいるのだろうか。
ＳＱ４　役所（都道府県庁、市町村庁）の職員はどのように採用されるのだろうか。
ＳＱ５　首長や議員にはどのような資質が必要だろうか。

【第23時】　ＭＱ　地域での政策はどのように展開しているのだろうか。

ＳＱ１　国家の政策と地域の政策は同じだろうか。
ＳＱ２　身近な政策を考えてみよう。
ＳＱ３　学校所在地の都道府県知事、市町村長候補者の公約は何だったのだろうか。（前時の課題としておく）

【第24時から第27時まで】　児童の参加型学習

政策の作成や実践を制度、過程、政策を横断的に貫く形で可能であれば複数回実践する。身近な地域・施設を調べる授業の延長として実践することも可能であり、態度育成の観点を含め

実践活動を行う。（詳細については割愛する）

4 国際レベル

【第28時】 MQ 国際社会とは、どのようなものなのだろうか。

SQ1 国際社会には、日本政府や他国政府のような統治機構は存在するのだろうか。
SQ2 地球上には国家はどのくらい存在するのだろうか。
SQ3 国家（政府）はどのように交渉しているのだろうか。
SQ4 国内法と国際法、条約の関係はどのようになっているのだろうか。
SQ5 海外の国々と日本との関係はどのようになっているのだろうか。（前時の課題としておく）

【第29時】 MQ 世界の平和と戦争について考えよう。

SQ1 第二次世界大戦後、戦争は発生しているのだろうか。
SQ2 内戦はどうだろうか。
SQ3 戦争の原因とは何だろうか。
SQ4 大量破壊兵器等の拡散状況は、どのようになっているのだろうか。
SQ5 戦争はどのようにすればなくなるのだろうか。

【第30時】 MQ 戦後の国際社会における日本の歩みと国際連合について考えてみよう。

SQ1　戦後の日本の歩みを国際社会との関係からまとめてみよう。
SQ2　国連憲章は、いつできたのだろうか。国連の目的とはどのようなものだろうか。
SQ3　国際連合の機関、ポストにはどのようなものがあり、その活動はどのようなものだろうか。
SQ4　国連事務総長は、どのような権限を有しているのだろうか。
SQ5　国際連盟規約と比較すると、どのようなことがわかるのだろうか。
SQ6　国連予算はだれが負担しているのだろうか。

【第31時】　MQ　国家や国連における外交・安全保障政策の決定は、どのように行われているのだろうか。

SQ1　日本政府の外交・安全保障政策の決定はどのように行われているのだろうか。
SQ2　国連の場での決定は、どのように展開されるのだろうか。
SQ3　国連の決定の仕方等における問題点とは何だろうか。

【第32時】　MQ　日本政府の外交・安全保障関係者および国連の担い手たちの選出過程はどのようになっているのだろうか。

SQ1　日本政府の外交・安全保障の担い手をどのように決めているのだろうか。
SQ2　国連加盟国はどのように決まるのだろうか。
SQ3　国連安保理の理事国はどのように選ばれているのだろうか。

ＳＱ４　国連事務総長はどのように選ばれているのだろうか。
ＳＱ５　国連職員の採用はどのように行われているのだろうか。
ＳＱ６　わが国の外交・安全保障の担い手にはどのような資質が求められるのだろうか。
ＳＱ７　国連職員にはどのような資質が求められるのだろうか。

【第33時】　MQ　わが国の外交・安全保障政策は、どのように展開されているのだろうか。

ＳＱ１　わが国の外交安全保障政策の基本はどこにあるのだろうか。
ＳＱ２　日米安保はどのような内容をもっているのだろうか。
ＳＱ３　なぜ日米安保は締結されたのだろうか。
ＳＱ４　一般に同盟のメリットとデメリットとは何だろうか。

【第34時】　MQ　国連の政策について考えよう。

ＳＱ１　世界平和を確保するための政策はどのようになっているのだろうか。
ＳＱ２　貧困対策などの政策は、どうだろうか。
ＳＱ３　政策の実効性を上げるためには、どのようにしたらよいのだろうか。

5　全体のまとめ

【第35時】

政治・政策の基礎概念、民主主義、平和主義、「公民性」に関する復習と設問により構成する。

2 事例カリキュラム

（1） 水と政策

❶ 単元名

「水と政策について考察しよう。」

❷ 実施学年・教科等

5年・総合的学習の時間

❸ 単元について

本単元は、小学校学習指導要領総合的学習の時間の目標や内容に準拠し、低・中学年の体験学習などを活かしながら、水に関する政策課題の解決などを通して政策・政治リテラシーの向上を図るものである。

政策内容については、水道法、下水道法、水質汚濁防止法を中心に条文に馴染むとともに、政策のなかに位置づけられる水質基準、排水基準についても考えさせる。

政策過程においては、政策がつくられた背景とともに、問題から政策への流れについても大枠を理解させるようにしている。

この過程に関わる民主的態度の育成に関しては、水辺空間をみんなで作ることを想定し、多様な案がどのように調整されるのか、またそうする場合の制約条件としての制度・構造がどう作用するのかへ理解を進めながら、制約条件下での最適化という問題解決学習の基本を身につけさせようとしている。

4 単元の目標

・水の大切さやそれに関わる政策について自主的に考えることができるとともに、自分たちで水辺空間をつくることを通して他者と協働して意思決定していくことができる。（意欲・関心・態度）

・水が私たちの生活に不可欠であることをおさえたうえで、政策とは何か、法律（水道法、下水道法、水質汚濁防止法など）や条例だけでなく、基準（厚生労働省令の水質基準、排水基準など）、さまざまな計画（生活排水処理基本計画など）も含まれること、政策主体として国や自治体があること、それらの権利・義務等についても理解することができる。また、用水路の開発を歴史的に検証しながら私たちの生活と水との関係性について理解できる。あわせて世界の水事情がどのようになっており、発展途上国の水問題に対してわが国や国連が支援を行っていることを理解できる。（知識・理解）

・さまざまな水関連法ができた背景や問題状況を考察し、因果的理解を深める。また、親水空間の創造において、特定の制度・構造のもと政策を複数の政策代替案のなかから選択し、自分なりにその選択理由などを表明できるとともに、政策づくりに各自のアイデアを生かすことができる（思考・判断・表現）。

・一連の授業において、水や政策に関するデータや資料などを読み解いていくことができる。（技能）

5 指導計画（7時間構成）

第1時　水と私たちの生活はどのように関わってきたのだろうか。（1時間）
第2時　飲料水の水質について考えよう。（1時間）
第3時　排水基準について考えよう。（1時間）
第4時　水辺空間の創造を考えよう。（1時間）
第5時　水路の開設と農業振興について考えよう。（1時間）
第6時　わが国や国連の途上国への水支援について考えよう。（1時間）
第7時　まとめ（1時間）

6 指導の概略

【第1時】MQ　水と私たちの生活はどのように関わってきたのだろうか。

SQ1　現在水道からの水、ペットボトルの水、食物に含まれる水を含めて、私たちは朝起きて寝るまで、一日どのくらいの水を摂取しているのだろうか。

体重や年齢によっても異なるが、1500ミリリットル以上が必要といわれていることを説明する。

SQ2　世界中で飲み水として利用できる水はどのくらいあるのだろうか。

世界には、14億立方メートルの水があり、そのうち97・5パーセントが海水で、残り2・5パーセントが利用可能であること、ただしそのなかでも北極、南極の氷が多いことや人口増加などにより、水需要は増大すると予想されることなどを説明する。

SQ3　日本では、昔から水をどのように得て、利用してきたのだろうか。

私たちは、川の水、地下水、雨水などをどう得て、活用してきたのか、歴史的に水をどのように利用してきたか、考えさせる。

SQ4　なぜ、私たちは現在水道を使うようになったのだろうか。

川の水にはさまざまな細菌がいたり、雨水をためておくことで雑菌が繁殖したり、私たちの健康に支障が生じたりするので、浄水して、水道を使うようになったことなどを説明する。

SQ5　浄水場の見学を振り返ってみよう。

浄水場見学で、何を学習したのか、浄水場で働く人々の印象を含めて振り返り、その知り得た知識や感想などを話してもらう。

SQ6　日本と世界では、水道（簡易水道）その他の活用状況はどのようになっているのだろうか。

世界では衛生的な水の確保に困っている人たちが多いこと、また世界全体では水は公平な配分とはなっていないことを認識させる。あわせてその理由を考えさせ、発表させる。

【第2時】　MQ　飲料水の水質について考えよう。

SQ1　どのように水の質を確保しているのだろうか。

前時に扱った浄水場見学体験などを活かし、教科書で扱った浄水の工程を確認するとともに、そのような施設を作る根拠としての水道法の存在を確認させる。法律の書き方に馴染むように、資料に書かれている水道法の条文の一部（目的など）を児童たちに読み上げさせるとともに、その内容の理解に努める。

SQ2　それでは、水質の基準はどこで決められているのだろうか。

資料に基づき、水道法4条に基づき、厚生労働省令で水質基準が定められていることを理解させる。省令と法律の関係についてもあわせて説明する。

SQ3　現在の水道水の水質基準は、どのようになっているのだろうか。

平成27年度（２０１５年度）現在51項目あり、最新の科学的知見を踏まえて、逐次改正が行われることについて知るとともに、科学的知見の拡大と政策の変更が関わることを理解させる。

SQ4　基準を決めても、守られる保証はないかもしれない。どうしているのだろうか。

資料に基づき水道法で、水道事業体等に検査の義務が課せられていることを理解させる。あわせて義務とは何か、についても考察させる。

【第3時】　MQ　排水基準について考えよう。

SQ1　排水は、そのまま河川などに排出しているだろうか。

地域によって下水道、合併処理槽、農業集落排水施設、コミュニティ・プラントが使われていることを解説するとともに、下水道法等の存在に気づかせる。

SQ2　使われた水がそのまま捨てられると、どのような問題が生じ、この問題に対処するため、どのような政策がとられているのだろうか。

資料をもとに工場や家庭からの化学物質や洗剤などを含む排水による河川の汚染などの問題が生じる可能性があり、そこから排水規制などの政策が考えられることや政策作成の基本的流れについて理解を深める。

SQ3　それでは下水道への排水基準はあるのだろうか。

下水道法や関連条例により、下水道にかかる基準等（対象は、工場、事業場）が定められていることを認識させる。あわせて、法律と条例の関係についても事例を紹介しながら解説を付加する。

ＳＱ４　家庭からの生活排水には規制はないのだろうか。

資料に基づき、市町村は、「廃棄物の処理及び清掃に関する法律」の定めにより、１９９０年に環境省が策定した生活排水処理基本計画策定指針の基づき、目標年度10～15年を原則に、生活排水処理基本計画を定めなければならないことになっていることなどを理解させる。また、これまでの資料を活用し、さまざまな法律、基準、条例、計画が連関しながら、政策目的の達成に関わるなど、政策の重層構造を理解させる。

ＳＱ５　使用済みの水を川や湖に放流する場合は、どうなのだろうか。

水質汚濁防止法（資料提示）の存在を認識させる。違反事業者には罰則も科せられることが実効性の担保になっていること、また都道府県条例や各種特別措置法などにより、より厳しい上乗せ基準、総量規制等が施行されている場合があることを具体例を示し、理解させる。

ＳＱ６　なぜ水質汚濁防止法は、１９６８年にできたのだろうか。どのような背景があるのだろうか。

公害問題の顕在化を含めて政策決定の背景について考察させる。また、これまで、水俣病などの発生以降導入された水質二法に実効性がなかったことから、規制を強化する意味で成立したこと、すなわち既存政策が所定の効果をもたらさなかったことから新たな政策が構想されることを理解させる。

【第４時】　ＭＱ　水辺空間の創造を考えよう。(16)

SQ1　河川敷や河川の利用などは、どのようになっているのだろうか。

河川敷の定義を含め、資料で提示した河川敷および河川の概要（面積、形状など）について解説する。

SQ2　利用が制限されるのはどのような場合だろうか。

河川法に関する資料をもとに制限事項とその理由を考えさせる。

SQ3　河川環境をどのように利用したいか、書いてみよう。（グループ学習）

ワークシートを渡し、どの場所でどのような活動をしたいかを記入させる。そのあとで、ほかの人の案で取り入れられるものはないかグループで話し合い、まとめ、グループで発表させる。次いで、他のグループの内容の良いところを取り入れたり、自分たちの案の欠点を是正したりして、修正案を考えさせ、再度発表させる。この場合、他者の意見を取り入れることによる自分の意見との矛盾、トレードオフなども考えさせる。

SQ4　計画ができ、実施したあとにどのような問題が生じるだろうか、予想してみよう。

問題が新たに生じると予想される場合、それに対してどのような政策が必要だろうか。問題を引き起こす原因についても考え、答えてみよう。

生徒から考えるべき問題が指摘されない場合は、教師側から補足・説明する。例えば、経費の問題、実施のためにだれの合意を得なければならないか、上流での大雨情報や警報を発する施設の必要性があるのではないか、禁漁区での魚とりは漁業法に関わる共同漁業権の侵害になるので、魚釣りはできそうもない、ごみを散らかして帰る人が多くなる、などを指摘し、どのような対策（例えばごみ問題への対応としては、啓発的な手段、経済インセンティブの付与、規制的手段などがあることなど）が考えられるかを考察させる。

SQ5　水面利用と河川敷利用のルールを独自に決めている例がある。その資料を見て、作成手続きや作成内容を評価してみよう。

資料に基づき、計画やルールを自由に評価させる。そこから評価基準についても考えさせる。

【第5時】　MQ　水路の開設と農業振興について考えよう。

地域学習教材などを活用して、授業を行う。これまで水と生活について主としてみてきたが、水は経済とも大きく関わっている。特に用水路の開発は、生産規模を増やし、生産性を高め、多くの人々に恩恵をもたらした。どのような例があるか調べてみよう。

その他、臨海工業地帯や原発の立地だけでなく工場等の立地に水が大きく関わっていることを知るとともに、水が産業発展という政策の大きな手段であることも認識させる。

【第6時】　MQ　わが国や国連の途上国への水支援について考えよう。

SQ1　途上国の水事情とはどのようなものなのだろうか。（第1時の授業の一部確認）

世界における水の遍在を意識させる。人口と水の分布が一致せず、国の間でも差が発生していることを水ストレス概念の説明と合わせ、理解させる。

SQ2　具体的にどのような問題を抱えているのだろうか。

発展途上国における水問題について具体例を挙げて紹介する。

SQ3　国連はどのように考えているのだろうか。

２０１５年までのミレニアム開発目標では、安全な飲料水、基礎的な衛生施設を継続的に利用できない人々の割合を半減するという目標が示され、２０１０年の国連総会では、安全な水と衛生設備へのアクセスの権利を人権として認める決議などが出されていることを解説する。あわせて国連水フォーラムの活動について触れる。

SQ4　わが国のJICA（国際協力機構）や自治体はどのような活動を行っているのだろうか。

それぞれの活動について具体例を挙げて、紹介する。

SQ5　皆さんはどのような途上国支援が効果的だと思うでしょうか。また、それはなぜでしょうか。自由に発表してください。

それぞれのアイデアを発表してもらい、そのアイデアの面白さ、実行可能性などを自由に評価してもらう。

【第7時】　まとめ

第1時から第6時までの基礎内容などをまとめた資料を作成・配布し、確認する。また、ワークシートの活用も考慮する。

（2）廃棄物と政策

❶ 単元名

「廃棄物と政策について考察しよう。」

❷ 実施学年・教科等

5年・総合的学習の時間

❸ 単元について

本単元は、小学校学習指導要領総合的学習の時間の目標や内容に準拠し、低・中学年の体験学習などを活かしながら、廃棄物に関する政策課題の解決などを通して政策・政治リテラシーの向上を図るものである。

政策内容については、「廃棄物処理及び清掃に関する法律」などの法制やごみ焼却場の立地問題、先進国や発展途上国の廃棄物政策とわが国の支援を扱うと同時に、発展途上国への支援の意味などについても問うている。

過程においては、ごみ量の拡大などの問題から政策への流れだけでなく、政策理念の変化によって政策体系が作られていくことについて理解させている。

政策過程に関わる態度形成に関しては、ごみ集積場をみんなで作ることを想定し、それぞれの考え方がどう調整されるのかを体験させ、自己の責務を含む民主的な過程を体験させると同時に、ごみ焼却場の立地に関して多くの人々の合意を得るための基準づくりなどを主体的に考察させている。

4 単元の目標

・廃棄物は、その処理の適切性が私たちの生活向上にかかわることを前提として、廃棄物に関わる政策について身近なところから自主的に考えようとすることができる。（意欲・関心・態度）

・廃棄物および廃棄物政策とは何か、廃棄物が家庭からのゴミ出しからその後どのように処理されているのか、政策の背景や政策を実施した際の効果とはどのようなものかについて理解できる。（知識・理解）

・ごみ量がなぜ変化しているのか、ごみ焼却場の立地がなぜ限定された地域になっているのかなどを考察することができるとともに、ごみ集積場やごみ焼却場の適地選定などにおいて、自分の考えを表明できる。（思考・判断・表現）

・廃棄物に関するデータや資料（写真を含む）などを読み解いていくことができる。（技能）

5 指導計画（7時間構成）

第1時　廃棄物と私たちの生活はどのようにかかわっているのだろうか。（1時間）
第2時　日本のごみ問題はどのように発生し、どのように対応してきたのだろうか。（1時間）
第3時　「廃棄物の処理及び清掃に関する法律」について考えよう。（1時間）
第4時　ごみ集積場（ごみステーション）を設置してみよう。（1時間）
第5時　ごみ焼却場の立地について考えてみよう。（1時間）
第6時　世界における廃棄物とその対策について考えよう。（1時間）
第7時　まとめ（1時間）

6 指導の概略

【第1時】　MQ　廃棄物と私たちの生活はどのようにかかわっているのだろうか。

SQ1　廃棄物（ごみ）にはどのようなものがあるのだろうか。
具体例を出してもらった後で、資料に基づき、産業廃棄物と一般廃棄物に分かれ、後者は「ごみ」と「し尿」に分かれることなどについて説明する。
SQ2　廃棄物がもたらす問題にはどのようなものがあるのだろうか。
写真資料などを使い、東京都のごみ戦争、不法投棄、豊島産廃問題、ナポリのごみ収集未実施、フィリピンのごみの山（スモーキーマウンテン）などについてみるとともに、環境省などの統計資料を活用し、ごみ処理量の拡大、埋め立て地、焼却場の数の増大、安全性、財政問題などについて説明する。その際、生徒たちに写真資料、図表から何が読み取れるかを発表させる。

SQ3　学校が立地している自治体のごみ量はどのように推移しているのだろうか。

資料（自治体資料など）をもとに、ごみ量などがどう推移しているかを見ると同時に、人口の増減や産業構成がどう影響しているのか、についても考えさせる。

SQ4　分別収集はどのように行われているのだろうか。

各家庭では分別収集にどのように対応しているかを確認するとともに、どのように分けているかを尋ね、発表させる。

SQ5　ごみ収集は無料だろうか。

ごみ収集は無料かどうかを確認するとともに、統計資料などを用い、かなりの自治体で有料化されていることを説明する。あわせてごみ収集有料化の定義やその目的を解説する。

SQ6　各家庭ではごみをどこに出しているのだろうか。

各地域においてごみの集積場（ごみステーション）が決まっていることを確認し、多くの自治会や町内会で毎日のごみ当番が輪番制で行われていることを説明する。あわせてごみ収集は、人々の協力があって機能していることを確認する。

【第2時】　MQ　日本のごみ問題はどのように発生し、どのように対応してきたのだろうか。

SQ1　わが国におけるごみ問題の背景には、どのようなことが考えられるのだろうか。

ごみ量の推移、日本の経済成長等に関する資料を使い、ごみ量の推移の背景にどのような要因があるのかを考えさせる。例えば、大量生産・大量消費・大量廃棄社会の存在や高度経済成長、過剰包装を好む文化の存在などについて考えさせる。

SQ2　ごみ問題に対応する主体はだれだろうか。どのような権限が与えられているのだろうか。

国、地方公共団体（都道府県、市町村）、民間などの権限、財源などについて法律や条例を中心に資料を活用して、説明する。なお、一般廃棄物処理に関しては、基本的に市町村中心（市町村の固有事務）であることなどについても解説する。

SQ3　ごみ集積場に集められたごみは、どのように処理されているのだろうか。

ごみ収集車が来て集められたごみはどのように処理されるかに関し、資料をもとに一般ごみ（可燃物、不燃物）、資源ごみ、粗大ごみなど具体例を挙げて処理過程を考察させるとともに、説明する。また最終処分場についても写真などを示し説明する。

SQ4　埋め立て面積、焼却場の数（規模別）、最終処分場の数の推移を見てみよう。

資料に基づき、どのように増加しているのか、減少しているのかについてみるとともに、そこから何が読み取れるのかを発表させる。

SQ5　埋め立てはどのくらいで限界を迎えるのだろうか。最終処分場の使用可能量はどのようになっているのだろうか。

統計資料を活用し、どのくらいの期間、使用可能であるかを考察させる。また、地域で新たな最終処分場を造る場合、どのような条件が必要かについて自由に議論させる。

SQ6　ごみ量の減少のため、私たちにできることはあるのだろうか。

どうすればごみを少なくできるのかを児童たちに自由に考えさせ、発表させる。

【第3時】　MQ　「廃棄物の処理及び清掃に関する法律」について考えよう。

SQ1　この名称から、どのような法律と想定されるだろうか。また、設立の経緯を考えてみよう。

「廃棄物処理」と「清掃」という言葉から、どのような活動を規定した法律であるか、発表させる。また、「廃棄物処理及び清掃に関する法律」（廃掃法）の前身は、明治33年（１９００年）制定の汚物掃除法がベースであり、昭和29年（１９５４年）制定の清掃法にとってかわられ、その目的も「汚物を衛生的に処理し、生活環境を清潔にすることにより、公衆衛生の向上を図る」こととされ、市町村、都道府県、国の責務や、具体的規制が規定されたことや昭和45年に全面的に改正され、廃掃法となったことを説明する。

SQ2　現在の廃掃法の内容とはどのようなものだろうか。

資料をもとに、基本条文を読み上げさせる。また、廃棄物の排出抑制、適正な分別、保管、収集、運搬、再生、処分等の処理を目的とした法律で、これまでの清掃法に記述されていた公衆衛生の向上のほか、生活環境の保全が目的として追加されていること、さらに、廃棄物の定義、国内処理等の原則、国民、事業者、国および地方公共団体の責務、廃棄物処理基準の策定などが示されていることを説明する。

ＳＱ３　廃掃法はいつ、どこで決められたのだろうか。

昭和45年12月25日に国会で成立したことを日本法令索引、官報などを使い説明するとともに、衆参での審議が、社会労働委員会という常任委員会で行われたことを確認する。また、内閣提出法案であるが、国会で修正され可決したことも付加する。

ＳＱ４　廃掃法は、どのような背景で改正されてきたのだろうか。

全体として大量廃棄時代に自治体のごみ処理として最初は埋め立て、それから焼却場などが建設されていった。しかし、大量廃棄を抑制し、持続可能な社会づくりに資する循環型社会づくりへの志向を受け改正されてきたことを解説する。あわせて昭和45年公布当時は全５章全30条だったものが、現在全７章全１７１条に変わったことからも時代の変化とともに、新たな条項が付け加わっていったことを示す。

ＳＱ５　廃掃法の施行令、施行規則はあるのだろうか。それはどのような内容なのだろうか。

施行令は政令であり、内閣で決定される。施行規則は省令であり、この場合厚生省（法成立時）で決定される。法律には曖昧な部分があるので、施行令、施行規則に進むにつれより詳細な規定になることを説明する。例えば市町村が行うべき一般廃棄物の収集、運搬、処分に関する基準、市町村が一般廃棄物の収集、運搬、処分を市町村以外のアクターに委託する場合の基準は政令で定められ、廃棄物管理に関して、埋め立て基準などは「告示」によって決定されていることを付加する。

【第4時】 MQ　ごみ集積場（ごみステーション）を設置してみよう。

SQ1　ごみ集積場を見たことがある人はいますか。

わからない人もいるので、写真を用意し、提示する。

SQ2　どのような特徴を持っていますか。

網がかかっている、時々移動する、きれいになっている、などの回答を得て、どうしてそうなっているのかを考えさせる。

SQ3　これからある自治会でごみ集積場を設置するルールを作りたいと思います。資料（図面）をもとにいろいろと議論したいと思います。皆さん自治会の構成メンバーとして意見を出してもらえますか。

まず児童たちに自治会メンバー、地区メンバーとして参加する際の話し合いのルールはどういうものにしたらよいかを決めてもらう。例えば自治会長に任せる、ごみ担当者を複数置き、その人たちで決める、全員で話し合う、などについて議論させる。

次に図面を見ながら、それぞれ4、5人のグループでそれぞれ住居を指定したうえで、どの場所がよいかをみんなで話し合う。その場合、違う場所に住んでいる人たちの気持ちになって考えるとどうなるのかを考察させる。ごみ収集車を運行する人の立場では、道路幅などが気になりそうだ、など多様な観点からも意見を出させる。適地を決め、固定化した場合、適地に隣接している住民から苦情は出ないかを考えさせる。適地を複数設けた場合、どのくらいの頻度で、動かしたらよいかについても考察させる。

以上を通して民主的意思決定の基本を学ぶとともに、適地選定においてはどういう基準で考察するかによって、適地が変わることを認識させる。

【第5時】 MQ ごみ焼却場の立地について考えてみよう。

SQ1 ごみ焼却場を4年生の時に見学したと思いますが、その時の印象を教えてください。

見学時の工程表などを示し、操作室や燃焼室近辺の印象、作業している人たちの印象を含めて自由に、発表させる。

SQ2 ごみ焼却場はどのような地域に建てられていたのだろうか。

記憶をたどりながら、市街地から離れた田園風景が広がっているところであったなどと発表させ、なぜそのような場所に施設が立地したのかを考察させる。

SQ3 ごみ焼却場の近辺に住んでいる人たちは、焼却場に絡めてどのような問題を抱えているのだろうか。

施設ができることで、悪臭がする、地価が下がった、収集車の出入りに伴う騒音が気になる、施設からの煙が健康被害を及ぼすかもしれないという不安があることなど、周辺住民の立場に立って想像しながら多様な悩みについて発表させる。

SQ4　周辺住民の方々にメリットを与えられる政策を実施するとしたらどのような政策が考えられるのだろうか。

意見が出ない場合、次のことを解説する。ごみ焼却場のなかには廃棄物発電などにより、電気を供給したり、給湯したりしているところもある。また、老人福祉センターなど、住民が望む施設を合わせて近隣につくることで、メリットとデメリットを相殺しようとする工夫がなされている場合もある。

SQ5　ごみ焼却場の適地を選定する基準をみんなで考えてみよう。

ごみ処理は自区内処理が原則になっているが、最近は広域設置もなされている。それはなぜだろうか。適地を一市町村で探しきれない現実を説明するとともに、例えばある市もしくは隣接する3市町村の地図（市街地や調整区域、道路体系、人口分布などがわかるもの）を示し、どの場所が適地かをグループで話し合ってもらい、選定理由を含めて代表者に発表させる。

SQ6　ごみ焼却場の設置をどのようにして決定していったらよいのだろうか。

適地の隣接住民の立場に立った場合、適地が含まれる市町村内において多数決で集約してしまうことは民主主義の決定として望ましいのか。望ましくないとしたら、どのように決定すべきなのだろうか。ただ難しいとわかってもごみ収集のみで焼却等をしないとごみが積みあがってしまう。どこかで決定しなければならない。適地選定規模を広げることも要請されるし、ダイオキシンが出ないような大規模な焼却場を整備する必要もあるが、一方で財政問題もある。

最終的に市町村民は税金をさらに支払い大規模な焼却場を導入することに合意できるかという、問題の連鎖と解決策が複雑に絡む状況などに関し、自前の資料を使い考察させる。

【第6時】 MQ 世界における廃棄物とその対策について考えよう。

SQ1 他の先進国を取り上げ、その処理の実態を見てみよう。

資料をもとに、世界でのごみ焼却場の数と日本の割合など比較させ、わが国のごみ処理の姿勢を読み取らせる。

SQ2 どうしてこのような相違が発生するのだろうか。

わが国の焼却依存がどのような理由によるものなのかを考えさせると同時に、他国における処理方法がなぜ可能なのか、処理方法ごとの効率性、効果性はどうなのか、についても資料をもとに考察させる。

SQ3 発展途上国のごみ問題は日本と同じだろうか。

わが国もさまざまな時代状況のなかで、公衆衛生的側面から公害対応、循環型社会への転換などの道をたどってきたが、発展途上国の多くは、公衆衛生的側面が強く出たり、経済発展に集中してきた国は公害対応が中心となったりしていることなどを説明する。

SQ4 日本の途上国支援にはどのようなものがあるのだろうか。

ＪＩＣＡの廃棄物管理分野の支援にかかる資料をもとに、法制度の整備、組織の改善、財政の改善、民間セクターとの適切な連携の促進、排出事業者の取り組み促進、市民の参画推進、文化・社会への配慮を行っていることを説明する。

SQ5　具体的な協力内容にはどのようなものがあるのだろうか。

例えば（有償）資金協力により整備を行った施設の運営・維持管理の協力、廃棄物にかかる計画づくりの支援、ごみ収集用の機材などの供与など、これまでの支援の具体例を写真・統計資料などを含めて説明する。

SQ6　このような支援の意味について考えよう。

海外への支援を行うなら、日本国内にもっと金をかけるべきだという意見があるが、このような意見に対する反論は考えられるのだろうか。例えば環境問題は一国内では完結しないことや発展途上国での施設整備に日本企業が活用されるのであれば、援助資金は日本にも還流することを主張する意見やわれわれはどこに生まれるかわからないなかで、人権の向上、生活のレベルアップは人類の願いでありそれに貢献することは、日本国内への支援と同じように重要であるといった意見を想定し、関連資料を提示し、自由に考えさせ、発表させる。

【第7時】　まとめ

第1時から第6時までの基礎内容などをまとめた資料を作成・配布し、確認する。また、ワークシートの活用も考慮する。

(3) 税と政策

❶ 単元名

「税と政策について考察しよう。」

❷ 実施学年・教科等

5年・総合的学習の時間

❸ 単元について

本単元は、小学校学習指導要領総合的学習の時間の目標や内容に準拠し、税を通じて、政治・政策リテラシーを習得することを意図している。

政策内容については、さまざまな税を扱うとともに、国や地方の税と収入構造を家計と比較しながら概観するとともに、日本国憲法と税との関係などを扱う。

過程においては、主として制度や構造に依拠して、どのようなアクターが重要な役割を果たしているのかを大枠として提示している。

税をめぐる態度形成に関しては、ゲームを行い、税申告の基礎を身につける態度などを育成しようとしている。

4 単元の目標

・税について身近なところから自主的に考えることができる。（意欲・関心・態度）
・税とは何か、税の種類にはどのようなものがあるか、どのようにわが国の税制は変化してきたのか、税制の背景にあるものは何か、また税に関連した政策がどのようにつくられていくのかを理解できる。（知識・理解）
・税と経済などとの関係を考えることができるとともに、新たな税について、その効果を考えて自分の考えを表明できる。（思考・判断・表現）
・税に関する統計資料などを読み解いていくことができる。（技能）

5 指導計画（7時間構成）

第1時　私たちの生活は、税とどのようにかかわっているのだろうか。（1時間）
第2時　わが国の税制について調べてみよう。（1時間）
第3時　税は、どのようにして決まるのだろうか。（1時間）
第4時　税は、どのように推移しているのだろうか。（1時間）
第5時　税のゲームをやってみよう。（1時間）
第6時　税にかかる政策とはどのようなものだろうか。（1時間）
第7時　まとめ（1時間）

6 指導の概略

【第1時】 MQ 私たちの生活は、税とどのようにかかわっているのだろうか。

SQ1 海外での珍しい税を知っているだろうか。

ポテトチップス税、ソーダ税、脂肪税、渋滞税などを出して、そのような税の内容やできた背景などについて資料をもとに説明する。

SQ2 日本の歴史のなかで、どのような税があったのだろうか。

自由に発表させてみる。意見がないようであれば、租庸調、石高制、大宝律令の規定などについて解説する。

SQ3 現在、皆さんに関係している税にはどのようなものがあるのだろうか。

「消費税」という回答が出されるかもしれないし、生徒によっては、家族と出かけた温泉の入湯税などを指摘する場合もあろうが、どのような税があるのか、主要なものを解説する。

SQ4 消費税は、今何パーセントかかっているのだろうか。

自由に回答させ、現在（平成30年）8パーセントであることを確認するとともに、国際比較の資料を見せ、日本の税率に対する評価を自由に発表させる。また、消費税は国のみが使えるのか否か、また、使用目的が決まっている税かどうかについても尋ねた後で、解説を加える。

SQ5 税はどのように使われているのだろうか。

小学校区における施設図などを示し、どこに使われているのかを答えさせる。また、教科書などにも使われていることを付加する。

SQ6　税とは何だろうか。

「みんなで使うものに対して支払うお金」などの回答を自由に発表させ、そのあとで定義を簡潔に述べる。

SQ7　税はどうして必要なのだろうか。

日本税理士会連合会の租税教室のデータ、資料の活用をしながら具体例を出して発表させるとともに、税金がなくなるとどうなるかについて考えさせる。

【第2時】　MQ　わが国の税制について調べてみよう。

SQ1　日本国憲法では税をどのように扱っているのだろうか。

30条「国民は、法律の定めるところにより、納税の義務を負ふ。」と84条「あらたに租税を課し、又は現行の租税を変更するには、法律又は法律の定める条件によることを必要とする。」の条文を読み上げさせ、この条文の意味を考えさせる。租税を国民の代表が審議し、法律として提示しなければならないということは、例えば行政が政令や省令では国民に税を課すことができないということであり、国民主権に立脚した形で代表を通して税制を考えることを意味していると説明する。

SQ2　大日本帝国憲法では税はどのように規定されていたのだろうか。

大日本国憲法においても同じように義務および租税法律主義が記述されていることを確認

する。

SQ3　他国の憲法ではどうだろうか。義務を明示している憲法が少ないことや、欧米では、支配者、国王などが勝手に課税したことを踏まえ、それを抑制するために、租税法律主義が出されたことを解説する。

SQ4　税金にはどのようなものがあるのだろうか。資料をもとに主要な税費目について解説する。また、税の区分（国税・地方税、直接税・間接税、所得課税、消費課税、資産課税など）についても簡潔に説明を付加する。

SQ5　私たちは税金をどのように納めているのだろうか。納税者と担税者の違いを理解してもらうために、消費税のように商品を購入した際、購入者が直接税務署に納めず、商店を通して消費税が納められるが、所得税などは納税者による申告を基礎としていることを説明する。また、申告納税制度は国民主権に基づく民主的な税務制度となっていることを解説する。

【第3時】　MQ　税は、どのようにして決まるのだろうか。

SQ1　税制を決めている人はだれなのだろうか。

前にもみたように、租税法律主義は、国民の代表で構成される国会の関与を規定しているのであり、国会のなかでは、衆議院・参議院とも委員会が中心となることから、衆議院、参議院における財務金融委員会や総務委員会、参議院では財政金融委員会、総務委員会が審議の舞台となっていることを説明する。

ＳＱ２　衆参のウェブサイトから委員会でどのような審議をしているか見てみよう。ウェブサイトのアドレスを示し、自分なりに調べてみることを勧めるとともに、審議の一部をまとめて示す。

ＳＱ３　税に関する法案は、なぜ内閣提出法案が多いのだろうか。税の専門性が問われるため、行政が中心となって立案されているのが現状であることを解説するが、租税法律主義の趣旨からいって妥当かどうか自由に意見を出させる。

ＳＱ４　税制の立案や税の徴収などに関して行政機構ではどこが中心となるのだろうか。立案の中心は、財務省主税局や総務省、そして専門家を集めた政府税制調査会があり、徴収は、国税庁がその役割を果たし、関税については税関で徴収されることを解説する。

ＳＱ５　そのほか重要な役割を果たしている人たちはいるのだろうか。実は政党が実質的な決定にかかわっていること、自民党などに党の税制調査会があり、政権与党の税制調査会は各年度の税制改正大綱の決定に非常に大きくかかわっていること、各種団体の要望もここに集中することを説明する。

【第４時】　ＭＱ　税は、どのように推移しているのだろうか。

ＳＱ１　戦後において税収はどのように変化してきたのだろうか。時系列的に、主要財源の推移を示し、そこから何が読み取れるのか、発表させる。また、他の先進国の税の推移（主要費目のみ）も示し、経年変化の特徴について、発表させる。

SQ2　どのような要因が税収の推移に関係しているのかを考えてみよう。

資料をもとに経済活動が税収に大きくかかわっていることを戦後の経済成長と絡め、生徒たちに考えさせる。また、消費税、法人税や所得税の動きを比較して、経済成長と税の推移との関係性についても解説する。

SQ3　わが国の歳入の特徴とは何だろうか。

他の先進国と比較した歳入構造の特徴について気づいた点を発表させる。また、国債依存の問題とはどのようなものか、わかりやすく説明すると同時に、私たちの負担となることを含め、自分の問題としてしっかり受け止める必要性を解説する。

SQ4　わが国の財政を家計に例えると、どのようになっているのだろうか。

従来の教科書で扱っている家計との比較を行い、説明する。歳出において、10年前、20年前と比較して、どのような費目が伸び、また減少しているのかを資料を参考にして解説する。

SQ5　地方における収入に占める税の割合は、どうなのだろうか。

時系列的推移をみて、どのような特徴があるのかを見るとともに、国との比較や地域類型ごとの比較から格差を含め、何がいえるのかについても考えさせる。

【第5時】　MQ　税のゲームをやってみよう。

日本税理士会連合会の租税教育（講義用テキスト）を参考にゲーム形式を活用し、税をどのように集めたらよいかについて考えさせるとともに、税の公平とは何かを理解させる。

【第6時】 MQ 税にかかる政策とはどのようなものだろうか。

SQ1 税にかかる政策の特徴とは何だろうか。

税とは、政策の前提となる部分（収入の側面）と他の政策同様、税を通じて例えば産業の振興、家計の手助けなど、さまざまな効果を作りうる支出の側面があるという、政策の二面性をおさえてもらうため、具体例を挙げて説明する。

SQ2 所得控除と日本国憲法は関係しているのだろうか。

所得控除とはどのようなものがあるのか、税額控除とどう異なるのか、わかりやすく説明するとともに、比較的わかりやすい控除、例えば基礎控除について日本国憲法などと照らし合わせながら、考察させる。

SQ3 所得税法、消費税法とは、どのような法律なのだろうか。

各税法の目的およびどのような内容が盛り込まれているか簡潔に説明する。

SQ4 税の効果を考えてみよう。

税は高すぎれば、経済活動に悪い影響を及ぼすだけでなく、歴史的にも年貢の過酷な取り立ては農民たちの生活を成り立たなくして持続可能ではない状態に追いやること、小さな政府（夜警国家）であればそれほどの費用が掛からないが、福祉国家を維持するには膨大な予算がかかることなどを説明すると同時に、税をどの程度課すかは、各国とも頭を悩ます問題であることを考えさせる。また、個人の所得、資産に税金を大きくかけると海外に逃避する場合もあり、それは個人にとどまらないこと、法人税を高くすると、海外に本社を移す企業も出てくるなど、効果を自国だけで予測できない状況も出ていることなどを説明する。あわせてタックス・ヘイブンについても簡潔に説明する。

SQ5　税（制）はどうあるべきか、議論しよう。

どういうところから税を集めたらよいか、また税はどういうところに使うべきか、国債はどのような時に活用すべきかなど、自由に考えさせ、発表させる。

【第7時】　まとめ

第1時から第6時までの基礎内容などをまとめた資料を作成・配布し、確認する。また、ワークシートの活用も考慮する。

第３章　中学校における政策教育カリキュラム

１　基礎カリキュラム

（１）単元名

「政治・政策とは何だろうか。」

（２）実施学年・教科等

３年・社会科

（３）単元について

政策・政治リテラシーの向上を図るため、政策・政治の基本、わが国の国家レベルの制度・構造、過程、政策・効果、地域レベルの制度・構造、過程、政策・効果および国際レベルの制度・構造、過程、政策・効果を扱う。

(4) 単元の目標

・平和で、民主的な国家・社会の形成のために、政策課題に対して積極的に取り組むことができる。(意欲・関心・態度)

・政策・政治の基礎概念およびその理想と現実の理解を通じて、平和な国家・社会とはどのようなものか、民主的な国家・社会とはどのようなものか、また、そのような国家・社会における自己の役割とはどのようなものかを認識できる。また、そのような国家における政策はどのように決められ、政策がどのような効果をもって打ち出されているかを理解するとともに、自分を含む国民や政治家を含む公務員の諸活動についても理解できる。(知識・理解)

・国内・国際政治における現象を因果的に解明するとともに、国民が共有する課題を解決する際に、関連する諸条件やデータなどに基づいて合理的に思考し、さまざまな手段のなかから適切なものを選択することができるとともに、政策が出された後においてもその効果はどのような条件で生じるのかを考えながら、修正提案を行うことができる。そのために、自己の意見がどのような条件で成立するか検証しながら、他者の提案のメリット、デメリットを考え、それを表明することができる。(思考・判断・表現)

・国内外の政治・政策関連情報として、データや根拠に基づいて意思決定できるとともに、政策を構想したり、政治へ参加したりするスキルを身につける。(技能)

表２　中学校における基礎カリキュラムの授業配分

	制度・構造	過程	政策・効果
政治・政策の基本	第１時　政治・政策とは 第２時　国家とは 第３時　世界の政治体制 第４時　自由民主主義体制 第５時　政策・政治学習の枠組み		
国家レベル	第６時　日本国憲法 第７時　日本国憲法の特徴 第８時　基本的人権と国民 第９時　参政権，公共の福祉と義務 第10時　国会 第11時　内閣 第12時　行政官僚制 第13時　裁判所 第14時　国民の政治参加 第15時　政党 第16時　政治的利益集団とマスメディア 第17時　政治意識と世論 第18時　財政構造と戦後の国家運営	第19時　日本国憲法の制定過程など 第20時　政策決定の実際 第21時　統治アクターの決定	第22時　政策とは 第23時　政策論議の深化 第24時　政策効果
	第25時～第30時　生徒の参加型学習		
地域レベル	第31時　日本国憲法と地方自治 第32時　地方自治の組織 第33時　住民の政治参加 第34時　地域財政と政治意識，制度・構造の全体像	第35時　地域の政策決定 第36時　政策決定の実際 第37時　長や議員の選出過程	第38時　地域政策の展開 第39時　地域政策の効果
	第40時～第46時　生徒の参加型学習		
国際レベル	第47時　国際社会とは 第48時　冷戦期までの国際政治の歩み 第49時　ポスト冷戦期の世界 第50時　世界の現状 第51時　わが国の外交・安全保障アクターと国際連合 第52時　国連の比較研究 第53時　多国籍企業と国際NGO	第54時　国家および国連の決定 第55時　パリ講和会議の交渉	第56時　国家の外交・安全保障政策 第57時　国連の政策 第58時　戦争の考察 第59時　第一次世界大戦の分析
	第60時～第65時　生徒の参加型学習		
全体のまとめ	第66～第70時　政治・政策，国家・社会，平和，民主主義，公民性にかかる問いかけと集約		

（5） 指導計画（70時構成）

表2のとおりである。

（6） 指導の概略

■1 政治・政策の基本

【第1時】 MQ 政治・政策とは何だろうか。

SQ1 小学校で習った学習を振り返ってみよう。

SQ2 政治はわれわれにどのような影響を与えているのだろうか。

SQ3 政策とは何だろうか。

SQ4 なぜ政治や政策は必要なのだろうか。

SQ5 政治をどのように定義したらよいのだろうか。

【第2時】 MQ 国家とはどのようなものだろうか。

SQ1 国家と聞いて、連想するものは何だろうか。

SQ2 国家の三要素とは何だろうか。

SQ3 国家の歴史について見てみよう。

SQ4 近代国家の特質について確認しよう。

SQ5 国家をどのように規定したらよいのだろうか。

ＳＱ６　国家はどうして必要なのだろうか。

【第３時】　ＭＱ　政治は、世界でどのように行われてきたのだろうか。

ＳＱ１　歴史的にどのような政治体制があったのだろうか。

ＳＱ２　アリストテレスは政治体制をどのように分類したのだろうか。

ＳＱ３　現代国家の政治体制はどのように展開してきたのだろうか。

ＳＱ４　現代国家の政治体制は、どのように分ければよいのだろうか。

【第４時】　ＭＱ　自由民主主義体制とはどのような体制だろうか。

ＳＱ１　世界における人権の発達と民主政治の展開を見てみよう。

ＳＱ２　自由民主主義体制の政治原理とは何だろうか。

ＳＱ３　自由民主主義体制において採られる政治形態にはどのようなものがあるのだろうか。

ＳＱ４　自由民主主義体制とはどのような特色があるのだろうか。

ＳＱ５　この体制のメリットはどのようなことだろうか。

ＳＱ６　この体制のデメリットはどのようなことだろうか。

【第５時】　ＭＱ　これからの政策・政治学習の輪郭を説明しよう。

ＳＱ１　民主主義の内実を示すキャッチフレーズとして、リンカーンの言葉“government of the people, by the people, for the people”を知っているだろうか。その意味を考えてみよう。

ＳＱ２　これからの授業を進めるため、全体の枠組みを説明してみよう。

SQ3　政治が展開する領域に関しても確認しよう。
SQ4　全体の授業構成の概略を説明しよう。

2　国家レベル

【第6時】　MQ　小学校で学んできた日本国憲法等を見てみよう。
SQ1　日本国憲法にはどのような内容が書かれているのだろうか。
SQ2　大日本帝国憲法と比較してみよう。
SQ3　他国の憲法と比較してみよう
SQ4　憲法は法体系のなかでどのように位置づけられるのだろうか。

【第7時】　MQ　日本国憲法の特徴を見てみよう。
SQ1　象徴天皇制とは、どのような体制なのだろうか。
SQ2　一般に憲法の特徴として基本的人権の尊重、国民主権、平和主義がいわれるが、その意味することは何だろうか。
SQ3　他国の憲法規定と比較してみよう。
SQ4　憲法9条の解釈はどのように変わってきたのだろうか。
SQ5　統治機構はどのようになっているのだろうか。また、大日本帝国憲法のそれと比較してみよう。

ＳＱ６　公務員と統治機構との関係はどのようなものなのだろうか。

【第8時】　ＭＱ　基本的人権にかかる国民の権利とはどのようなものだろうか。

ＳＱ１　国民とは、だれのことを指すのだろうか。

ＳＱ２　人権の内容を確認しよう。

ＳＱ３　自由権的基本権として人身の自由、精神の自由、経済の自由とはどのようなものだろうか。

ＳＱ４　平等権とはどのようなものだろうか。

ＳＱ５　社会権とはどのようなものだろうか。

ＳＱ６　請求権とはどのようなものだろうか。

ＳＱ７　新たな人権とはどのようなものだろうか。

【第9時】　ＭＱ　参政権と国民の義務、公共の福祉と人権について考えよう。

ＳＱ１　参政権とはどのようなものだろうか。

ＳＱ２　参政権を支える条件にはどのようなものがあるのだろうか。

ＳＱ３　国民の義務にはどのようなものがあるのだろうか。

ＳＱ４　公共の福祉とは何だろうか。

ＳＱ５　公共の福祉に対する人権の制限とはどのようなものだろうか。

【第10時】　ＭＱ　国会について考えてみよう。

ＳＱ１　国権の最高機関としての国会は、どのような機能を果たしているのだろうか。
ＳＱ２　二院制の実際はどのようなものだろうか。
ＳＱ３　国会議員はどのような役割を担っているのだろうか。
ＳＱ４　国会議員の使命とは何だろうか。
ＳＱ５　国会議員の一日、一週間（国会開会時）とはどのようなものだろうか。

【第11時】　ＭＱ　内閣について見てみよう。

ＳＱ１　大日本帝国憲法下と現在を比較して内閣の機能に違いはあるのだろうか。
ＳＱ２　内閣法のポイントを考えよう。
ＳＱ３　総理大臣はどのような権限をもっているのだろうか。また、どのような資質が必要だろうか。
ＳＱ４　政務三役としての国務大臣、副大臣、政務官の役割はどのようになっているのだろうか。
ＳＱ５　内閣の構成メンバーは歴史的にどのように推移しているのだろうか。
ＳＱ６　首相補佐機関はどのように構成されているのだろうか。
ＳＱ７　首相の一日、一週間とはどのようなものだろうか。

【第12時】　ＭＱ　内閣のもとに展開する行政官僚制とはどのようなものだろうか。

ＳＱ１　行政官僚制とは何だろうか。

SQ2　行政官僚制の組織はどのような特徴があるのだろうか。
SQ3　わが国の行政作用の拡大を見てみよう。
SQ4　強化された行政作用に対して民主的統制を行うにはどのような手段があるのだろうか。
SQ5　行政官僚制の問題とは何だろうか。
SQ6　官僚の使命とは何だろうか。

【第13時】　MQ　裁判所について見てみよう。

SQ1　司法権はどのように規定されているのだろうか。大日本帝国憲法と現行憲法を比べてみよう。
SQ2　司法権の独立とは何を意味しているのだろうか。
SQ3　それぞれの裁判所の権限はどのようになっているのだろうか。
SQ4　裁判の種類にはどのようなものがあるのだろうか。
SQ5　司法消極主義とはどのようなことを意味するのだろうか。
SQ6　裁判官の資質としてどのようなものが必要だろうか。

【第14時】　MQ　国民の政治参加について考えよう。

SQ1　国民の政治への参加は民主主義体制にとってどのような意味を持つのだろうか。
SQ2　選挙権の行使およびその意義について考えよう。

ＳＱ３　選挙権行使の前提にはどのようなものが必要だろうか。
ＳＱ４　被選挙権の行使およびその意義について考えよう。
ＳＱ５　被選挙権行使の前提にはどのようなものがあるのだろうか。
ＳＱ６　最高裁判事の国民審査権の行使について考えよう。
ＳＱ７　最高裁判事の国民審査の前提とは何だろうか。
ＳＱ８　その他の参加手段としてはどのようなものがあるのだろうか。

【第15時】　ＭＱ　政党とは何だろうか。

ＳＱ１　政党とはどのようなものだろうか。
ＳＱ２　政党制とはどのようなことを指すのだろうか。
ＳＱ３　政党の役割についてどのようなものがあるのだろうか。
ＳＱ４　わが国における政党は戦後どのように展開してきたのだろうか。
ＳＱ５　わが国の政党組織、派閥と議員の関係について見てみよう。
ＳＱ６　政党の活動はどのように賄われているのだろうか。
ＳＱ７　わが国の民主主義にとって政党はどのような重要性を持つものなのだろうか。

【第16時】　ＭＱ　政治的利益集団、マスメディアとは何だろうか。

ＳＱ１　政治的利益集団（圧力団体）とはどのようなものだろうか。
ＳＱ２　政治的利益集団はどのような活動をしてきたのだろうか。また、その問題とは何だろうか。
SQ3　政治的利益集団が、民主政治にとって持つ意味とは何だろうか。
SQ4　マスメディアとは何だろうか。
SQ5　マスメディアの、政治における役割とはどのようなものなのだろうか。
SQ6　わが国のマスメディアの問題点にはどのようなものがあるのだろうか。
SQ7　マスメディアと民主政治との関連性について考えよう。
【第17時】　MQ　国民の政治意識と世論はどのようになっているのだろうか。
SQ1　政治意識とは何だろうか。
SQ2　国民のわが国の政治への関心はどのようなものだろうか。
SQ3　年齢別にはどのようなことが言えるのだろうか。
SQ4　どうして政治的無関心が増大しているのだろうか。
SQ5　世論とは何だろうか。
【第18時】　MQ　わが国の財政構造とこれまでの国家運営を集約してみよう。
SQ1　わが国の歳入は戦後どのように推移してきたのだろうか。
SQ2　わが国の財政を他国と比較するとどのようなことがわかるのだろうか。
SQ3　戦後のわが国の国家運営を制度・構造を中心に振り返ってみよう。
SQ4　わが国の制度・構造をどのように評価したらよいのだろうか。

【第19時】　MQ　日本国憲法、法律などの決定の流れとはどのようなものだろうか。
SQ1　日本国憲法の制定過程はどうであったのだろうか。
SQ2　憲法改正は、どのように規定されているのだろうか。
SQ3　法律はどのような過程を経て成立するのだろうか。
SQ4　法律が作られた後の実施までの過程とはどのようなものだろうか。
SQ5　閣議の決定過程はどのようになっているのだろうか。
SQ6　最高裁判所の決定はどのように行われるのだろうか。
SQ7　裁判所の審議は、刑事・民事・行政裁判でどのように展開するのだろうか。
SQ8　それぞれの決定方法に問題はないだろうか。
【第20時】　MQ　わが国の政策決定について考えよう。
SQ1　これまでの決定過程を復習してみよう。
SQ2　戦後のわが国の政策決定はどのように大きく変化しているのだろうか。
SQ3　政策決定過程においてどのようなポイントに着目すればよいのだろうか。
【第21時】　MQ　統治機構を構成するアクターはどのように選ばれるのだろうか。
SQ1　国会議員はどうだろうか。
SQ2　有権者が投票を決定する要因とは何だろうか。
SQ3　総理大臣はどのようにして決まるのだろうか。

ＳＱ４　国務大臣等はどのようにして決まるのだろうか。
ＳＱ５　一般行政職等の採用はどのように行われるのだろうか。
ＳＱ６　最高裁判所判事等の決定はどのようなものだろうか。
ＳＱ７　国民審査による決定はどのように進むのだろうか。
ＳＱ８　下級裁判所の裁判官の採用はどうだろうか。
ＳＱ９　裁判官の弾劾手続きとはどのようなものだろうか。
ＳＱ10　決定過程に問題はないのだろうか。

【第22時】　ＭＱ　政策とは何だろうか。

ＳＱ１　私たちの生活と国家活動としての政策はどのように関連しているのだろうか。
ＳＱ２　政策の種類について考えてみよう。
ＳＱ３　政策をみるポイントにはどのようなものがあるのだろうか。
ＳＱ４　みんなはどのような法律を知っているのだろうか。
ＳＱ５　法律の一般的構成はどのようになっているのだろうか。

【第23時】　ＭＱ　国の政策理解をさらに深めてみよう。

ＳＱ１　政策理念とは何だろうか。
ＳＱ２　国の予算から政策を考えよう。
ＳＱ３　最高裁の違憲判決にはどのようなものがあったのだろうか。

ＳＱ４　政党の綱領から政策を考えよう。
ＳＱ５　政党の選挙公約やマニフェストから政策を考えよう。
ＳＱ６　われわれは政策をどのように評価したらよいのだろうか。
【第24時】　ＭＱ　政策の効果について考えよう。
ＳＱ１　政策はいつ効果が現れるのだろうか。
ＳＱ２　政策の効果は目に見えるものなのだろうか。
ＳＱ３　政策の効果は、アクターの意図や政策内容に記述された目的とどのように関係を持っているのだろうか。
ＳＱ４　政策効果をどのようにとらえるべきなのだろうか。
【第25時〜第30時】　生徒の参加型学習
前半2時間
以下の授業例が考えられる。詳細は割愛する。
①主要新聞の政策についての社説（平和主義以外の論争問題）分析
②模擬選挙・模擬議会
③国内紛争事例（裁判を含む）の分析
後半4時間
「平和主義の検証」

授業計画例

第1時　日本の平和主義についての基礎事項の確認、班分けと調査課題

第2時　調べ学習と宿題

第3時　ポスターセッション

第4時　ディベート、ワークショップなど

❸地域レベル

【第31時】MQ　日本国憲法、地方自治法などで地方自治はどのように位置づけられているのだろうか。

SQ1　憲法8章において地方自治はどのように規定されているのだろうか。また、「地方自治の本旨」とは何を意味しているのだろうか。

SQ2　大日本帝国憲法では地方はどのように位置づけられていたのだろうか。また、戦前の地方制度はどのようになっていたのだろうか。

SQ3　住民自治の考えと団体自治の考えは両立するのだろうか。

SQ4　地方自治法とはどのようなものだろうか。

SQ5　地方自治体（地方公共団体）の種類にはどのようなものがあるのだろうか。

SQ6　地方分権一括法後、国と地方の関係はどのように変わったのだろうか。

【第32時】　MQ　「地方自治」の組織はどのように構成されているのだろうか。

SQ1　地方における二元代表制とはどのようなものだろうか。また、その意味とは何だろうか。

SQ2　行政の多元制とは、どのようなものだろうか。また、どのような意義があるのだろうか。

SQ3　首長はどのような役割を果たしているのだろうか。

SQ4　首長を補佐する体制はどのようになっているのだろうか

SQ5　地方議会および議員は、どのような役割を果たしているのだろうか。

SQ6　議員を補佐する体制はどのようになっているのだろうか。

SQ7　長と議会との関係はどのようになっているのだろうか。

SQ8　もし皆さんが首長（中学校立地の市町村長や都道府県知事）や議会の議員になったら、どのようなことをしてみたいですか。それはなぜですか。

SQ9　皆さんが地元で自治体の行政職員になったらどのような仕事がしたいでしょうか。それはなぜですか。

【第33時】　MQ　住民の政治参加にはどのようなものがあるのだろうか。

SQ1　住民とはだれを指すのだろうか。

SQ2　地方選挙の仕組みはどのようになっているのだろうか。

ＳＱ３　地方議員や首長になるにはどのような資格が必要で、どのような手続きで立候補できるのだろうか。
ＳＱ４　住民の直接請求権等にはどのようなものがあるのだろうか。
ＳＱ５　住民投票制度は、どのように設計されているのだろうか。
ＳＱ６　参加の前提条件はそろっているのだろうか。

【第34時】　ＭＱ　地方財政および地方の政治意識の特徴をとらえると同時に、地域政治にかかる制度・構造を集約してみよう。

ＳＱ１　地方財政の収入構造を見てみよう。
ＳＱ２　地方財政を分析してみよう。
ＳＱ３　住民の地域政治に対する関心は高いのだろうか。
ＳＱ４　「地方は民主主義の学校」といわれるが、住民の低投票率は何を物語っているのだろうか。
ＳＱ５　地方の制度・構造の全体像をまとめてみよう。

【第35時】　ＭＱ　地方における決定過程はどのように展開するのだろうか。

ＳＱ１　条例は、どのようにつくられるのだろうか。
ＳＱ２　規則、要綱は、どのようにして決定されるのだろうか。
ＳＱ３　予算は、どのようにつくられるのだろうか。

SQ4　専決処分はどのように行われるのだろうか。
SQ5　行政内部ではどのような意思決定がなされるのだろうか。
SQ6　地方議会の審議過程はどのようになっているのだろうか。
SQ7　行政内部での決定過程、議会審議上の問題点はないのだろうか。
SQ8　住民の直接請求はどのように展開されるのだろうか。
SQ9　住民監査請求の手続きはどのようになっているのだろうか。
SQ10　住民投票の手続きはどのようになっているのだろうか。

【第36時】　MQ　自治体の具体的な決定過程を見てみよう。

ここでは、事例カリキュラムで扱った地域における決定をわかりやすく提示したり、地方新聞などで扱われた直近の題材を活用したりしながら、政策決定の時間的継起をアクターやイシューで追っていくことが考えられる。または、中学校が立地する自治体において直近の基本計画の決定過程や予算の意思決定過程について、市役所職員などを呼んで、具体的に説明してもらい、決定過程の概要、個別要望がどのように変わっていくのか、決定過程において重要な役割を果たす人はだれか、などを理解するとともに、自由に質問し、政策決定の基本を把握してもらう。その場合、発問の基本は、だれが、どのような案を、どのような問題の解決のために提案し、だれが、どのような理由で賛成・反対し、その結果政策内容はどのようになり、その後、政策はどのような効果をもたらしたのかを問うことである。

【第37時】　MQ　長、議員等をどのように選んでいるのだろうか。

SQ1　長は、どのように選ばれるのだろうか。

SQ2　長を目指す人の立候補と選挙運動の過程はどのように展開するのだろうか。

SQ3　どのような人が、首長になっているのだろうか。

SQ4　副市長、会計管理者、教育委員会委員、選挙管理委員会委員などはどのように決まるのだろうか。

SQ5　一般の都道府県、市町村の公務員は、どのように採用されるのだろうか。

SQ6　地方公務員にはどのような役割が期待されるのだろうか。

SQ7　地方議会議員はどのように選ばれるのだろうか。

SQ8　地方議員候補が立候補し、選挙活動を行う過程はどのように展開するのだろうか。

SQ9　どのような特徴を有している人が議員になっているのだろうか。

SQ10　長や議員は、どのような基準で選ばれているのだろうか。

SQ11　長や議員の資質、能力として何が要求されるのだろうか。

【第38時】　MQ　地域政策はどのように展開しているのだろうか。

SQ1　身近な政策を考えてみよう。

SQ2　予算を調べてみよう。

SQ3　学校が立地している自治体では、どのような条例が出されているのだろうか。

SQ4　学校所在地の都道府県知事、市町村長候補者の公約は何だったのだろうか。（前時の課題としておく）

【第39時】　MQ　地域政策の効果を見てみよう。

SQ1　地域でさまざまな政策が展開されているが、どのような事業にどのような効果があると考えているのだろうか。

SQ2　効果がすぐに出ない政策や効果がよく見えない政策にはどのようなものがあるのだろうか。

SQ3　ある政策の効果を正確に識別できるのだろうか。

SQ4　政策の効果をどのように評価したらよいのだろうか。

【第40時から第46時】　生徒の参加型学習

例えば、以下のような授業例が考えられる。（前半、後半各3時間）詳細は割愛する。

①条例の作り方
②ロジック・モデルを活用した地域政策の案出
③地域における紛争事例の分析とその解決
④模擬選挙・模擬議会

4 国際レベル

【第47時】 MQ 国際社会とは何だろうか。

SQ1 国内社会と国際社会を比較してみよう。

SQ2 国際政治と国内政治は何が異なるのだろうか。

SQ3 平和と戦争とは何だろうか。

SQ4 国際政治の見方にはどのようなものがあるのだろうか。

SQ5 国際政治を考えるうえで重要な用語にはどのようなものがあるのだろうか。

【第48時】 MQ 冷戦期までの国際政治はどのような歩みをしてきたのだろうか。

SQ1 17世紀半ば以降の国家の歩みを大きなトレンドで見てみよう。

SQ2 第二次世界大戦後の歴史を冷戦崩壊まで簡潔にまとめてみよう。

SQ3 冷戦期の日本の外交を考えてみよう。

【第49時】 MQ ポスト冷戦期の世界はどのように展開しているのだろうか。

SQ1 ポスト冷戦期はいつ始まり、どのように動いてきたのだろうか。

SQ2 ポスト冷戦期の特徴はどのようなものがあるのだろうか。

SQ3 ポスト冷戦期の日本外交を振り返ってみよう。

【第50時】 MQ 世界の現状を見てみよう。

SQ1 国際政治のアクターはどのように変化してきたのだろうか。

ＳＱ２　世界の国々をさまざまな切り口で見てみよう。
ＳＱ３　領土とは何だろうか。
ＳＱ４　国家間にはどのようなネットワークがあるのだろうか。
ＳＱ５　グローバリゼーションの進行は、世界各国にどのような影響を与えているのだろうか。

【第51時】　ＭＱ　わが国の外交・安全保障アクターおよび国際連合について見てみよう。
ＳＱ１　わが国の外交・安全保障上のアクターとはどのようなものだろうか。
ＳＱ２　外交・安全保障を担当するアクターに求められる資質とは何だろうか。
ＳＱ３　国連加盟国数はどのように推移しているのだろうか。
ＳＱ４　国連の目的と主要機関とは何だろうか。
ＳＱ５　主要機関はどのような活動を任務としているのだろうか。
ＳＱ６　国連職員に求められる資質とは何だろうか。
ＳＱ７　総会、安全保障理事会、国際司法裁判所などの権限を含めた問題点を見てみよう。
ＳＱ８　国連財政、組織体制はどのように成り立っているのだろうか。

【第52時】　ＭＱ　国連を国際連盟、ＥＵと比較し、国連の問題点を見てみよう。
ＳＱ１　国際連盟とどのように異なるのだろうか。
ＳＱ２　ＥＵの制度とどのように異なるのだろうか。

ＳＱ３　国際連盟、ＥＵと国連の３者を比較してみよう。
ＳＱ４　国際連盟と国連の比較において、組織内民主主義や国際平和の実効性の観点からどのように評価されるのだろうか。

【第53時】　ＭＱ　国家、国連等の国際組織外に国際社会で影響力を持ちうるアクターについて見てみよう。

ＳＱ１　多国籍企業とは何を指すのだろうか。
ＳＱ２　多国籍企業の国際政治における問題とは何だろうか。
ＳＱ３　国際ＮＧＯとは何だろうか。また、どのような活動をしているのだろうか。
ＳＱ４　国際ＮＧＯの活動成果とは何か。またどのような問題点を抱えているのだろうか。

【第54時】　ＭＱ　国家および国連での決定はどのように展開されているのだろうか。

ＳＱ１　主権国家における条約発効までの過程はどのように展開するのだろうか。
ＳＱ２　主権国家は、どのようにして外交・安全保障政策を形成しているのだろうか。
ＳＱ３　国連での意思決定はどのようになされているのだろうか
①国連総会、②安全保障理事会、③国際司法裁判所
ＳＱ４　国連における担い手等の選出はどのようになっているのだろうか。
①国連加盟国の承認、除名、②国連安全保障理事会の理事国の選定、③国連経済社会理事会の理事国の選定、④事務総長の選定、⑤国連職員、⑥国際司法裁判所判事

ＳＱ５　決定過程に問題はないのだろうか。

【第55時】　ＭＱ　約100年前に行われたパリ講和会議における交渉等を見てみよう。

ＳＱ１　第一次世界大戦の特徴とは何だろうか。

ＳＱ２　和平交渉の概略とはどのようなものだったのだろうか。

ＳＱ３　パリ講和会議の参加国はどのようなものだったのだろうか。

ＳＱ４　第一次世界大戦の３国（フランス、イギリス、アメリカ）への影響はどのようなものであったのだろうか。

ＳＱ５　交渉の任に当たった、ジョルジュ・クレマンソー、デビッド・ロイド・ジョージ、ウッドロウ・ウィルソンの認識、信念や性格はどのようなものだったのだろうか。

ＳＱ６　三者の主張は、どのようなものだろうか。また、議論のなかで最初のポジションを変えることはあったのだろうか。

ＳＱ７　どのような交渉過程といえるのだろうか。

ＳＱ８　どのような条約が結ばれたのだろうか。また、そこから何が見て取れるのだろうか。

ＳＱ９　ベルサイユ条約がもたらしたものとは何だろうか。

【第56時】　ＭＱ　国家の外交・安全保障政策について見てみよう。

ＳＱ１　国家の外交・安全保障政策は、どのような要素から成り立っているのだろうか。

ＳＱ２　日本の外交・安全保障政策を見てみよう。

ＳＱ３　日米安保の内容を確認しよう。
ＳＱ４　国家の安全を確保する政策として他にどのようなものがあるのだろうか。
ＳＱ５　安全保障のディレンマや同盟のディレンマとは何だろうか。
ＳＱ６　皆さんが考える防衛政策や世界の平和を維持する政策にはどのようなものが考えられるだろうか。

【第57時】　ＭＱ　国連の政策を見てみよう。

ＳＱ１　安全保障を確保するための政策はどのようになっているのだろうか。
ＳＱ２　ガリ事務総長の『平和への課題』（１９９２年）について議論してみよう。
ＳＱ３　人間の安全保障とはどういう意味だろうか。
ＳＱ４　国連では、世界における貧困撲滅や環境問題への取り組みを行ってきた。その内容とはどのようなものだろうか。
ＳＱ５　国連の政策をどのように評価したらよいのだろうか。

【第58時】　ＭＱ　戦争はなぜ起きるのだろうか。戦争を起こさないために考えるべきこととは何だろうか。

ＳＱ１　これまでの歴史で起こった戦争にはどのようなものがあるのだろうか。
ＳＱ２　現代の戦争の特質とは何だろうか。
ＳＱ３　戦争の原因は何だろうか。

ＳＱ４　戦争を禁止する国際法にはどのようなものがあるのだろうか。
ＳＱ５　軍縮はどのように進んでいるのだろうか。
ＳＱ６　戦争を防止してきた外交の例にはどのようなものがあるのだろうか。
ＳＱ７　戦時国際法とはどのようなものを指すのだろうか。

【第59時】　MQ　先日授業で取り上げたパリ講和会議の前に発生した第一次世界大戦を取り上げてみよう。

ＳＱ１　前史はどのように展開したのだろうか。
ＳＱ２　戦争は何をきっかけに生じたのだろうか。
ＳＱ３　その背景的要因は何だろうか。
ＳＱ４　ジョゼフ・ナイは、『国際紛争』において第一次世界大戦の原因を三つのレベルから分析しているが、それはどのようなものだろうか。
ＳＱ５　どのような戦闘の特徴（兵器、戦闘技術など）があり、戦死者はどのくらいになったのだろうか。
ＳＱ６　戦時中の外交交渉とはどのようなものだったのだろうか。それは、どのような帰結を生じさせたのだろうか。
ＳＱ７　戦後秩序はどのように構築されたのだろうか。（復習）
ＳＱ８　パリ講和会議における主要国の主張は正当だったのだろうか。

SQ9　第一次世界大戦の影響とは何だろうか。多面的、多角的に考えてみよう。

【第60時から第65時】生徒の参加型学習

例えば、以下のような授業例が考えられる。（前半、後半各3時間）詳細は割愛する。

①ルワンダ内戦と国際社会
②TPPの交渉過程
③京都議定書とパリ協定の成立過程
④グローバル・イシューへの取り組み
⑤模擬国連

5　全体のまとめ

【第66時～第70時】（考査の時間を含む）

政治・政策、国家・社会に関する基礎概念、民主主義、日本の民主政治、日本の平和主義、「公民性」に関する復習と設問から構成する。

2　事例カリキュラム

(1)　水と政策

1 単元名

「水と政策について考察しよう。」

2 実施学年・教科等

2年・総合的学習の時間

3 単元について

本単元は、中学校学習指導要領総合的学習の時間の目標や内容に準拠し、水に関する政策課題の解決などを通して政策・政治リテラシーの向上を図るものである。

水に関する政策として、河川法、水害対策、ダム建設、国連海洋法条約などを扱っている。政策過程においては、河川法の変遷と背景を探るとともに、国連海洋法条約の成立経緯や水道料金の決定過程を考察させ、あわせてダム建設における合意の困難性などについても多面的に考えさせる。

4 単元の目標

・水害の近隣事例を通して、自分たちで備えられる対策とは何か、積極的に対応策を考えるとともに、ダム建設においてもさまざまなアクターの立場に共感しながら、解決策を模索していこうとする。（意欲・関心・態度）

・河川法や国連海洋法条約、水源地域対策特別措置法などの内容、メリット、デメリットなどについて理解することができる。（知識・理解）

・河川法の変遷を見ながら、その改正の背景は何かを考えることができる。また、ダムの決定過程においてどのような要因が最終決定にかかわるのかを分析できると同時に、ダム建設に対する、自分なりに考えを表明できる。（思考・判断・表現）

・一連の授業において、水害やその対策等に関するデータや資料などを読み解いていくことができる。（技能）

5 指導計画（7時間構成）

第1時　小学校での学習を振り返ろう。（1時間）
第2時　河川法の変遷とその背景について考えよう。（1時間）
第3時　近くで起きた水害への対策を考えよう。（1時間）
第4時　ダム建設について考えよう。（1時間）

第5時　水道のサービスと負担について考えよう。（1時間）
第6時　国連海洋法条約の内容とその成立経緯等を考えよう。（1時間）
第7時　全体のまとめ（1時間）

6 指導の概略

【第1時】MQ　小学校での学習を振り返ろう。

水の偏在、水関連法、水質基準、排水基準、水辺環境の創造などについて振り返ったうえで、以下の議論を展開する。

SQ1　仮想水とは何だろうか。

ロンドン大学トニー・アラン教授が1990年代に提唱した概念で、輸入された商品（農作物、工業製品）が国内で生産された場合に投入されたであろう水を意味することなどを解説する。この概念をどう使うのかについても説明する。

【第2時】MQ　河川法の変遷とその背景について考えよう。

SQ1　明治29年（1896年）の旧河川法の内容について見てみよう。

資料をもとに、明治18年、23年、29年に大洪水の被害に見舞われた後で、治水へのニーズなどが背景にあってつくられたことを説明する。この法律には、河川は国の営造物であり、河川敷、流水等について私権を排除する、地方行政庁は国の機関として管理するが、河川工事・維持の第一義的責任は地方行政庁にあり、公共の利害に重大な関係のある河川に関しては国直轄で行うことなどが規定されていることを解説する。

SQ2　昭和39年（1964年）の新河川法の内容について見てみよう。

旧河川法施行以後、発電を中心とした利水事業の進展、新憲法制定に伴う河川管理の再検討、社会経済発展に伴う沿岸流域の開発状況や水需要などに対応するため、水系を一貫とした管理体系の必要性などを受けて治水プラス利水の観点から改正が行われた。内容としては、これまでの適用河川、準用河川の制度を廃止し、河川を水系別に区分し、1級・2級河川の概念を導入、私権の対象が河川区域の土地に及ぶことを認め、河川管理者を1級河川は建設大臣、2級河川は都道府県知事とし、工事実施計画を水系ごとに策定することとし、河川審議会の設置を認めたことなどである。

この改正を受けて、河川敷地占用許可準則の制定、河川浄化事業などが行われていくことを説明する。

SQ3　平成9年（1997年）の河川法改正の内容を見てみよう。

その後、環境保全や親水性へのニーズの高まり、河川環境管理の考え方が出されるとともに、生態系の重視、安全でおいしい水へのニーズが高まるなかで、治水、利水、環境を含めた改正が行われた。その内容としては、水辺空間としての河川環境の整備と保全を目的に追加、河川整備計画の立案プロセスの変更（従来の工事実施基本計画を河川整備基本方針と河川整備計画に分離、住民意見等の反映：任意）、渇水調整円滑化のための措置などが規定されていることを解説する。

ＳＱ４　それぞれの河川法の背景と内容について確認しよう。また、平成９年における河川整備計画策定における民主化について考えよう。

それぞれの河川法改正の内容と背景をワークシートにまとめさせるとともに、平成９年の改正により、河川整備計画（河川工事、河川の維持）に対して必要な場合学識経験者、公聴会の開催等による住民意見の反映および地方公共団体の長の意見も検討されることになり、多様なアクターが参加し、決定できるようになったことについて淀川水系流域委員会などの活動とその成果を含めて説明すると同時に、民主化の観点からどのように評価したらよいか、自由に発表させる。

ＳＱ５　学校の近くにある河川の整備基本方針、整備計画が策定されている場合、それを見てみよう。

中学校周辺の水系における整備の基本方針、河川整備計画がどのような内容になっているかを確認するとともに、住民参加も含めてどのような配慮がなされているのかを説明する。また、この基本方針や基本計画の内容に付け加えることがあれば、発表させる。

【第3時】　ＭＱ　近くで起きた水害への対策を考えよう。

ＳＱ１　学校に隣接した地域で起きた水害の事例を2例あげよう。

学校に近接している河川による水害を調べた結果を報告してみよう。（事前に宿題）
SQ2　水害の規模などはどのようなものだったのだろうか。
体験者の話を含め、水害の状況について発表させる。
SQ3　どのような原因で被害が起こったのだろうか。
水害はどのような要因により発生したのかを発表させる。なお、遠因としての地球温暖化問題についても考察させる。
SQ4　水害事例に対してどのような対策が取られたのだろうか。
対策を考えるための、初歩的政策分析の進め方を解説するとともに、近隣の水害とその対策（調節池など）について国や自治体の政策を中心に調べたことを発表させる。
SQ5　他の対策は考えられるのだろうか。
短期的に可能な政策（緊急情報の連絡体制、堤防の応急措置など）と中長期的な政策（ダム建設、都市計画等による規制など）を自由に発表してもらう。
SQ6　それぞれの政策は、どの程度の規模の水害に対応することを想定し、対策が立てられたのだろうか。
資料に基づき、どの地域で、どのくらいの降雨量（時間あたり、1日合計）を想定して作られたのかを考えさせる。
SQ7　水害が起きた際もしくは起きそうな場合、私たちはどのように行動すべきなのだろうか。

事前に避難勧告などの情報提供を受けた際は、自宅の管理をしたうえで、時間をおかず、行動すること、事前の準備として非常食、電灯、ラジオなどの用意をしておくこと、避難場所の確認などが必要であることを説明する。その他、生徒たちが考える自助努力すべき活動について自由に発表させる。

【第4時】 MQ ダム建設について考えよう。(17)

SQ1 ダムとは何か、また日本におけるダムの立地状況を見てみよう。

ダムとは、堤高15メートル以上のものであることを解説するとともに、日本地図を用い、ダムの立地を確認する。どのような地域にダムを造っているのか、どのような時期に建設が多いか、その背景は何かについても考えさせる。

SQ2 ダムはどのような機能を果たしているのだろうか。

ダムは、洪水調節、飲料水、農業用水、工業用水の確保などに役立っているとともに、周辺景観を含め観光資源として活用されていることなどを説明する。

SQ3 ダムの立地に伴うデメリットは何だろうか。

水没する地域における不安、生活破壊や環境変化による自然へのマイナスの影響、巨大な建設コスト、維持費、補償金などについて説明すると同時に、生徒たちが水没する地域の住民であった場合、どのような問題を感じると思うか、自由に発表させる。

ＳＱ４　水源地域対策特別措置法の内容と背景とはどのようなものだろうか。

この法律は、１９７３年10月に公布、翌年４月に施行された。ダム建設の円滑化のため、水源地域整備計画による整備事業（地域振興のための土地改良、道路整備、下水道などの生活環境整備、ダム貯水池の水質汚濁防止など）、固定資産税の不均一課税に伴う措置（水源地域内で新増設された製造業、旅館業の建物等の固定資産税を市町村が減額した場合の、減額分補てんを地方交付税で行う）などが実施されることになった。

ＳＱ５　その他の水源地域対策はどのようになっているのだろうか。

水源地域対策基金事業を含めて、政策対象により対策がどのように分かれるのかを資料をもとに説明するとともに、ダム建設下流域の受益者の負担金が活用されていることも踏まえ、受益と受苦の構図に関してもわかりやすく解説する。

ＳＱ６　ダムの建設はスムーズに進んだ場合と紛争を生じた場合があるが、紛争事例の進行や紛争原因について考察してみよう。

例えば川辺川のダム建設をめぐる紛争を事例として示し、そのダム建設構想、どのような過程が展開されたかについて、ステークホルダー分析、イシュー分析、ステージ分析などを資料として示し、どのような過程と最終決着を見たのかを理解させる。例えば、ダム推進派の論理と反対派の論理はどのようなものだったのか、またその過程をどのように評価するか、評価基準を考えながら自由に生徒たちに意見を発表させる。

【第5時】 MQ 水道のサービスと負担について考えよう。

SQ1 家庭では飲み水以外に皿洗い、洗濯物への使用、トイレ洗浄などに水を使っているが、皆さんの家でどのくらい水道料金が支払われているのだろうか。

請求書の事例を作成し、学校立地自治体における世帯平均の料金を確認するとともに、当然使用量で増減することなどを説明する。

SQ2 水道料金の請求書見本には何が書かれているのか、確認してみよう。

請求書の構成について確認するとともに、使用料、水道管の口径、請求料金などのポイントについて解説する。

SQ3 水道料金は、どのように決定されているのだろうか。

水道料金は、基本的に市町村の独立採算で成り立っており、水を消毒して利用者の下に配分する費用とみあうように料金設定される。基本料金がメーター口径ごとに決まり、1立方メートルの料金に用水量をかけて算出していることを解説する。水道料金の計算式を示し、使用料から水道料金がどのように出るかを確認する。この決定は機械的決定といって、人の圧力などで決まらない決定の仕方といえることを説明する。

SQ4 自治体によって水道料金に違いがあることを知っているだろうか。全国の上位と下位のデータとともに、学校が立地する近隣自治体の水道料金表を見ながら、どの程度異なるのかを見てみよう。

２０１４年のデータでは水道料金が高いのは、北軽井沢の別荘地に給水する群馬県長野原町で、最も安いのは兵庫県赤穂市と10倍程度の開きがあることなどを確認する。

ＳＱ５　どうして違いが出るのだろうか。

安定した水源への水利権の保有、給水地域の地理的要因（高低差など）、人口密度、大口使用者の多寡、原水の汚染度、県水の利用の有無などが関わっていることを資料をもとに示す。

ＳＱ６　下水道使用料金の場合はどのようなものだろうか。

地域によって下水道が整備されていない地域もあるので、コミュニティプラントや浄化槽の設置費用などを例として説明する。下水道については、メーターがないこと、使用水道量イコール下水道使用量としていることなどを解説する。

【第6時】　MQ　国連海洋法条約の内容とその成立経緯等を考えよう。

ＳＱ１　国連海洋法条約は、どのようにつくられたのだろうか。

海洋のルールづくりは第二次世界大戦後、１９５８年に領海や公海に関する条約が採択。１９６０年代に、新たに独立した国家群が水産資源の権利を主張。それを受けて、国連海洋法条約交渉が１９７３年から10年間にわたり第３次国連海洋法会議の場で行われ、国連海洋法条約が１９８２年に成立したこと、発効したのは、１９９４年（日本は１９９６年批准）であることを説明する。

ＳＱ２　国連海洋法条約の意義とは何だろうか。

領海等のそれぞれの海洋の規定、内陸国の海への出入りの権利、通過の自由、深海底などの保護、海洋の科学調査、紛争の解決など17部で構成される320条からなり、9の付属議定書、11部の実施規定から構成されている。これは、第一次国連海洋法会議で採択された領海及び接続水域に関する条約、大陸棚条約、公海条約、漁業及び公開生物資源保存に関する条約を発展させた、海洋すべての分野にかかる包括的な制度になっている。別名「海の憲法」と言われるもので、画期的な条約ということができることを説明する。

SQ3　国連海洋法条約における海洋の区分はどのようになっているのだろうか。

図などを活用し、領海を、基線としての干潮時の海岸線から12カイリとして、接続水域は領海の外側12カイリまでとし、排他的経済水域は、基線から200カイリであることを解説する。

SQ4　領海ではどのような権利があるのだろうか。

領海は、国家の領域の一部を形成し、沿岸国の主権が及ぶ。ただし、他国船（軍艦等を含む）には無害通航権を与えている。その場合、停止したり、錨をおろしたりしないこと、国旗を掲げて海上航行することなどが守られていなければならないことを解説する。

SQ5　排他的経済水域等はどうだろうか。

同水域は、沿岸国が、水中および海底と地下の水産資源や鉱物資源などについて排他的管轄権（探査、開発、保存、管理、保護などの主権的権利）を有している水域を意味し、沿岸国以外には一般航行、上空飛行、パイプライン建設などの公海上認証される交通通信権は保障されている。接続水域は、排他的経済水域の一部で領海の外12カイリの領域を指す。この領域では、通関、財政、出入国管理などの行動を沿岸国は実施できるが、侵害行為に対する規制はその対象に含まれていない。また、排他的経済水域の漁業権は国の法律により異なるが、日本の場合、許可なく他国船が排他的経済水域で漁業を行うことはできないことを説明する。

SQ6　公海はどうだろうか。

どの国も主権が及ばない海域で各国の排他的経済水域を除くすべての海洋を指し、国籍によらず、船舶は自由に通行でき、上空飛行なども自由であることを解説する。

SQ7　係争が起きた場合、どのような対応が想定されているのだろうか。

1996年設立された、常設裁判所として国際海洋法裁判所（ドイツのハンブルク）があり、同条約の解釈や適用にかかる紛争の解決を任務としている。紛争に対し、当事国が平和的解決ができない場合、当事国の要請により同裁判所、国際司法裁判所、仲裁裁判所、特別仲裁裁判所のいずれかに付託される。もう一方の当事国は、同条約の締約国である限り、境界画定に関する紛争などの一部を除いて、裁判所の管轄権を受け入れなければならないことなどを説明する。

【第7時】まとめ

第1時から第6時までの基礎内容などをまとめた資料を作成・配布し、確認する。また、ワークシートの活用も考慮する。

（2）廃棄物と政策

1 単元名

「廃棄物と政策について考察しよう。」

2 実施学年・教科等

2年・総合的学習の時間

3 単元について

本単元は、中学校学習指導要領総合的学習の時間の目標や内容に準拠し、廃棄物問題とその解決を通して、政策・政治リテラシーを習得することを意図している。

廃棄物に関する政策として、循環型社会形成推進基本法、資源有効活用促進法、「廃棄物処理及び清掃に関する法律」（廃掃法）などを扱うとともに、バーゼル条約を通して条約と国内法との関係を把握させるものとなっている。また、廃棄物政策の基礎概念としての３Ｒ（リデュース、リユース、リサイクル）が法律においてどう展開されるのかを見ると同時に、ごみ収集の有料化についてもディベートを通じて深く考えさせている。

政策過程においては、政策がつくられた背景などを理解させるとともに、バーゼル条約のように事件発生が政策の契機となることや、ごみ焼却場の設置における推進派と反対派のせめぎあいが決定を左右することを考えさせる。あわせて、合意の困難性などについても多面的に考えさせる。

4 単元の目標

・ごみ焼却場の適地選定などの廃棄物に関わる政策について自主的に考えようとすることができる。（意欲・関心・態度）
・廃棄物政策とは何か、その政策体系とは何かについて認識するとともに、各アクターの権利・義務についても理解することができる。また、ごみ焼却場の設置にかかる紛争過程やその合意形成のあり方、容器包装リサイクル法などの決定過程についても理解できる。（知識・理解）
・ごみ収集の有料化に関するディベートを通じて選択肢の採用と結果予測との関係性を分析できるとともに、ごみ焼却場の合意形成過程の検討を通じて、合意形成にはどのような条件が必要かについて考え、発表することができる。（思考・判断・表現）。
・一連の授業において、廃棄物政策に関するデータや資料などを読み解いていくことができる。（技能）

5 指導計画（7時間構成）

第1時　小学校での学習を復習してみよう。（1時間）
第2時　3R、資源有効利用法、循環型社会形成推進基本法とは何だろうか。（1時間）
第3時　ごみ焼却場をめぐる紛争と解決について考えよう。（1時間）
第4時　容器包装リサイクル法について考えよう。（1時間）
第5時　ごみ収集は有料化すべきか。（1時間）
第6時　バーゼル条約について考えよう。（1時間）
第7時　まとめ（1時間）

6 指導の概略

【第1時】　MQ　小学校での学習を復習してみよう。

廃棄物の定義について確認する。また、現状に関してごみ収集量などを含め、必要に応じてデータを更新した形で資料等を示す。

また、廃掃法の内容、ごみ集積場のルール、ごみ焼却場の問題などについて資料をもとに説明する。

【第2時】　MQ　3R、資源有効利用促進法、循環型社会形成推進基本法とは何だろうか。

SQ1　3Rとは何だろうか。

３Ｒについて聞いたことがあるかどうかを確認するとともに、三つのＲとは何かを答えさせる。Reduce、Reuse、Recycle について説明する。

ＳＱ２　リサイクルについては、その名称が入った法律がたくさんあるが、例えばどのようなものがリサイクルされているのだろうか。

生徒たちに発表させるとともに、家電、容器包装、自動車、建設材料、食品残さなどにおいてリサイクル法ができていることに関し資料をもとに説明する。

ＳＱ３　資源有効利用促進法で、３Ｒはどのように位置づけられているのだろうか。

資料をもとに、資源有効利用促進法の目的等を説明するとともに、平成13年に全面改正されたが、その内容の変化についても解説する。

ＳＱ４　循環型社会形成推進基本法はどのような内容の法律だろうか。

同法が、環境基本法の下位法で、廃掃法などの個別法の上位法と位置づけられることを、資料をもとに説明する。

循環型社会とは、「製品等が廃棄物等となることが抑制され、並びに製品等が循環資源となった場合においてはこれについて適正に循環的な利用が行われることが促進され、及び循環的な利用が行われない循環資源については適正な処分が確保され、もって天然資源の消費を抑制し、環境への負荷ができる限り低減される社会」（2条1項）とし、「廃棄物等」を有価物も含め定義（2条2項）している。基本原則として、３Ｒと熱回収、適正処分がうたわれ、その順に処理の優先順位を定めている（6条、7条）と同時に、循環型社会形成推進計画の策定についても定めている（15条、16条）ことを説明する。

SQ5　循環社会形成推進基本計画とはどのようなものだろうか。

資料を配付し、平成25年の第三次計画の骨子を説明する。質にも着目した循環型社会の形成としては、リサイクルより優先順位の高い2R（リデュース・リユース）の取り組みがより進む社会経済システムの構築、小型家電リサイクル法の着実な施行など使用済み製品からの有用金属の回収と水平リサイクル等の高度なリサイクルの推進、有害物質の適正な管理・処理、東日本大震災の反省点を踏まえた新たな震災廃棄物対策指針の策定などが、また国際的取り組みとしては、アジア3R推進フォーラム、わが国の廃棄物・リサイクル産業の海外展開支援等を通じた地球規模での循環型社会の形成、有害廃棄物等の水際対策の強化などが盛り込まれていることを解説する。また、目標数値としては、資源生産性を平成32年度には46万円／トン（平成22年度37万円／トン）、循環利用率を平成32年度に17パーセント（平成22年度15パーセント）、最終処分量平成32年度1700万トン（平成22年度1900万トン）を設定していることを付加する。

SQ6　どのような背景のもとに作られたのだろうか。

これまで主として廃掃法の改正などで、廃棄物の増大などに対処してきたが、ごみ発生量が依然として多く、最終処分場確保も難しくなり、不法投棄が増えるなか、大きく社会像を転換することで対応を図ったものといえる。いわば「大量生産・大量消費・大量廃棄」型の経済社会から脱却し、「循環型社会」を形成することに解決策を求めることにしたことを説明する。

【第3時】 MQ ごみ焼却場をめぐる紛争と解決について考えよう。

SQ1 いくつかの事例を見てみよう。

複数の事例に関する資料を示し、特に紛争過程の特徴について考察させる。また、紛争が拡大する要因や抑制する要因について考えさせる。

SQ2 一般廃棄物処理施設の許可はどのように行われるのだろうか。

以下のプロセスを図示して丁寧に説明する。

設置者は、設置場所を管轄する都道府県知事の許可が必要になる。許可を受けようとするものは、氏名、設置場所その他の定められた事項を記載した申請書を提出する。都道府県知事は、許可申請に対し、申請事項、申請年月日、縦覧場所を告示し、1か月間公衆の縦覧に供することを必要とする。告示した際は、関係市町村に通知し、意見を聴く必要がある。利害関係者は、縦覧終了の翌日から2週間、当該都道府県知事に意見書を提出可能。許可基準は、設置計画が環境省令で定める技術上の基準に適合しているか否か、設置計画および維持管理計画が当該施設周辺地域の生活環境保全等に適切な配慮がなされているか否か、申請者の能力に関する環境省令で定める基準に適合しているか否か、などである。

SQ3 ごみ問題は、加害者と被害者が判然としているのだろうか。

被害者もごみを出し、収集してもらう要望を持ち、加害者と同じ土俵に立つが、収集車両の出入り、悪臭の可能性、地域イメージの低下などマイナスインパクトを受けている状態にある。

すなわち被害者の二重性を理解させる。

SQ４　このような二つのグループの存在を前提に、両者が合意するにはどのような条件が必要だろうか。

生徒たちに自由に発表させる。住民集会、審議会、アンケート調査、仲裁者の選定などが出される可能性があるが、そのような手段を含め、話し合いのルール、決着のルールをどう作ったらよいか、話し合わせる。例えば前者については、代表を出して話し合わせたほうがよい、環境問題の専門家を代表として出すべきだ、地域住民の参加だけでよい、などの意見が出ることが想定される。なお、当事者の姿勢をもつことの大切さや必ずしも公正なプロセスに乗せても問題解決しないこともあることを付加する。

SQ５　もし、合意が得られない場合はこの問題を棚上げにできるのだろうか。

他の自治体にお願いすることも考えられるが、自区内処理原則との矛盾すること、お願いできたとしても、税金を大量に投入する可能性が生じることも伝えて、考えを深化させる。

SQ６　例えば3市町村でごみ焼却場ができるとしたら、どのように適地選定がなされるのだろうか。

仮想の３市町村の地形図（公共施設、観光資源、道路状況、市街地、田畑、山林などの表示）などを用意し、どのような地域にごみ焼却場を作ったらよいかを議論させるとともに、それぞれの市町村長の役割を生徒の３人に担ってもらい、立地のインパクトに関する見解を含め、３市町村の調整をロールプレイとして実施させる。あわせて他の生徒たちにその過程を観察した後で、調整過程のポイントや過程を評価する基準も考えさせる。

【第4時】 MQ 容器包装リサイクル法について考えよう。

SQ1 容器包装リサイクル法について知ろう。

どのような容器が対象になっているか、できれば実物持参。

（コンピュータルームを活用）日本容器包装リサイクル協会のウェブサイトから、基本問題、「小中学生のコーナー」などをみて、家庭ごみに占める容器包装廃棄物の割合、同法の目的、再商品化義務の対象となる容器や包装、再商品化製品の利用状況などの基礎知識を身につける。あわせて環境省のウェブサイトにもアクセスして関連情報を集め、認識を深める。

また、ワークシートを用いながら、容器包装リサイクル法の成立時期、内容、背景、効果などを学習する。

SQ2 各アクターの役割を含め、エッセンスについて確認してみよう。

同法の内容について確認する。例えば、消費者は分別排出、市町村は分別収集、容器製造事業者、販売容器に容器包装を用いる事業者は再商品化の責務があることを発表させる。あわせて市町村のみが全面的に責任を負うのではないこと、拡大生産者責任の明確化の意義などについても説明する。

SQ3 1995年の容器包装リサイクル法ができるまでを追体験してみよう。

資料（寄本　1998）をもとに、政治家、関係省庁、産業界、自治体、労働組合、市民などがどのような主張をし、いかなる論争が起き、調整されたのかを考えさせる。

SQ4　決定過程を分析してみよう。どのアクターの考え方が通ったのか、論点としてはどのようなものがあったのだろうか。

ワークシートをもとに、だれが主導したのか、協調したアクターはだれか、対立したアクターはだれか、だれが調整したのか、またどのようなイシューが時系列的に現れたのか、などを分析する。

SQ5　1995年成立の同法と2006年の同法改正を内容において比較してみよう。

資料をもとにその違いを明らかにする。

SQ6　1995年の法律は、効果がなかったから改正されたといえるのだろうか。

市民のリサイクル・分別収集への啓発効果、再商品化効果などがあったが、排出量などについては大きなインパクトは与えなかったことを説明する。

（第5時の資料として「ディベートの進め方」などの配布、班ごとの役割分担や調べ学習を事前指示）

【第5時】　MQ　ごみ収集は有料化すべきか。

小学校でごみ収集有料化について確認したが、ここではこのテーマで、ディベートを行おう。

〈座席の配置、役割分担に応じた生徒の配置の確認〉

〈進め方例〉

賛成側立論（定義を含む）→否定側立論→（作戦タイム）→否定側反駁→賛成側反駁→（作戦タイム）→賛成側結論→否定側結論

〈評価の記入〉

〈アフター・ディベート〉

生徒たちに第三の選択肢を出させ、自由に議論させる。

【第6時】 MQ バーゼル条約について考えよう。

SQ1 バーゼル条約の正式名称は何だろうか。

「有害廃棄物の越境移動及びその処分の管理に関するバーゼル条約」であることを説明する。

SQ2 どのような内容の条約なのだろうか。

有害廃棄物の輸出に対する許可制、事前審査制の導入、発生国、輸出国に第一次的責任があり、違反した場合廃棄物の再輸入を義務化していること、対象物質は、ＰＣＢや水銀など47品目であることなどについて資料をもとに説明する。

SQ3 いつ発効したのだろうか。

１９９２年５月に発効したことを説明する。

SQ４ どのような経緯で、またゼれが案を作り上げたのだろうか。

この条約は、１９７６年にイタリアのセベソで農薬工場が爆発事故を起こし、その後、ダイオキシンに汚染された土壌が国外に持ち出されたことを契機に、ＥＣやＯＥＣＤが有害物質の越境移動の規制を検討したことに始まる。その結果1985年に有害物質の越境移動の管理が決定された。また、1980年代にヨーロッパからアフリカへの有害廃棄物の不法輸出事件が相次いだ。例えばイタリア、ノルウェーからポリ塩化ビフェニールを含む廃棄変圧器が大量にナイジェリアに捨てられた事件（1988年）などがある。OECDとUNEP（国連開発計画）はルール作りを検討していたが、アフリカ統一機構による有害廃棄物持ち込みを禁止する決議などを受け、1989年UNEP参加116か国全会一致で、バーゼル条約が採択された。以上のことを資料をもとに解説する。

SQ5　廃掃法には、輸出入に関する規制はないのだろうか。

廃掃法は、廃棄物の輸出入を規制しており、輸出・輸入する場合、廃掃法に基づく許可（環境大臣）を受け、別途「外国為替及び外国貿易法」で実施される。バーゼル条約は、特定有害廃棄物等の輸出入にかかわり外為法に基づく承認が必要となることを説明する。

SQ6　バーゼル条約と廃掃法の規制対象はどのようになっているのだろうか。

資料をもとに廃掃法は、石炭灰を含む有害廃棄物と紙屑のような非有害廃棄物を規制対象にし、バーゼル条約は、有価物の鉛蓄電池などを含む有害廃棄物を対象にしており、対象範囲が異なることなどを説明する。

SQ7　日本における国会での批准はどのように行われたのだろうか。

バーゼル条約の批准は、1992年の123回通常国会に提出されたが、継続審議となり同年12月の125回国会において全会一致で成立した。その前には外交委員会の審議・採択も行われていることを説明する。

SQ8　批准を受けてつくられたバーゼル国内法は、だれが中心に作成し、またどのような内容のものなのだろうか。

当時の環境庁と通産省が中心に法律づくりにあたったこと、主たる内容としては輸送と最終処分が環境的に健全である場合に輸出が認められること、監視のための事前通告、事後報告の手続きや情報管理手続きが定められていることなどについて説明する。

SQ9　わが国における有害廃棄物の輸出入はどのようなものなのだろうか。

平成27年の輸出実績は、承認したものが97件、約31万トン、相手国・地域は韓国、香港、ベルギー、品目は、鉛蓄電池、石炭灰、鉛灰など、輸入は、承認したものが167件、約20万トン、相手国・地域は台湾、香港、タイ、シンガポール、フィリピン、品目は電子部品スクラップ、電池スクラップなどで、時系列的には全体として増加傾向にあることを解説する。

SQ10　その後、国際的にはどのような動きがあるのだろうか。

1989年に採択されたバーゼル条約は、実際に有効に機能しないとして途上国グループのG77諸国、北欧諸国やグリーンピースなどによって批判され、これらの国々や団体は、改正を求め、運動を行い、1994年にバーゼル禁止令が採択、さらに再採択されて、最終的に1995年には規制強化のため、先進国から開発途上国への輸出を全面的に禁止する改正バーゼル条約（通称BAN改正）が採択された。しかし、必要批准国数に達しないため、発効に至らない。1999年には、有害廃棄物の国際移動及び処分に伴う損害に対する責任及び補償に関する議定書が採択された。その内容は、通告者、処分者、輸出者または輸入者に厳格責任を課す、保険等の財政保証措置の用意の義務化などであるが、これも未発効であることを説明する。なお、2010年から開始された水銀に関する水俣条約は、2013年に採択されたのち、2017年8月16日に発効したことを付加する。

【第7時】まとめ

第1時から第6時までの基礎内容などをまとめた資料を作成・配布し、確認する。また、ワークシートの活用も考慮する。

（3） 税と政策

❶ 単元名

「税と政策について考察しよう。」

❷ 実施学年・教科等

2年・総合的学習の時間

3 単元について

本単元は、中学校・総合的学習の時間の目標や内容に準拠し、税を通じて政治・政策リテラシーを習得することを意図している。

政策内容については、国レベルの各種税法、社会保障と税の一体改革などを扱うと同時に、地域レベルにおける神奈川県の水源環境税について考えさせる。

過程においては、平成29年度税制改正大綱の決定を概括するとともに、選挙と税の関係などについても検討させる。

政策や過程に関わる態度形成に関しては、自分の問題として税を考え、さらには国民および将来の国民の持続可能性にかかわることを強く認識させ、税制について主体的に考察させようとしている。

4 単元の目標

・税について、主体的な政治参加の観点から意欲を持って取り組むことができる。そのために自主的に税制のあり方を構想しようとする。（意欲・関心・態度）

・税とは何か、税にはどのような種類があるのか、歳入と税の関係や税負担の原則などを十分理解できる。また地方の収入についてもその主要財源などを把握し、地方の政策手段の範囲などを理解できる。（知識・理解）

・税の決定において、どのような問題点があるか、基礎的知識を踏まえながら考えることができるとともに、受益と負担との関係性を考察し、税と社会保障の一体改革の意義などを考えるとともに、私たちが目指す社会像を自分なりに判断できる。（思考・判断・表現）
・税に関するデータなどを読み解き、活用できる。（技能）

5 指導計画（7時間構成）

第1時　税について考えよう。（1時間）
第2時　税の基本原則とわが国の税制を見てみよう。（1時間）
第3時　国と地方の収入を分析してみよう。（1時間）
第4時　税制はどのように決定されるのだろうか。（1時間）
第5時　神奈川県の水源環境税について考えてみよう。（1時間）
第6時　税などを通して今後の国家・社会のあり方について考えてみよう。（1時間）
第7時　まとめ（1時間）

6 指導の概略

【第1時】 MQ　税について考えよう。

小学校の税学習を復習してみよう。

税金と生活とのかかわり、税金とは何か、世界における珍しい税、税の種類、税の必要性、わが国の税制とその変化、税を決める人々と国民主権などについて質問しながら知識の定着を確認する。そのあとで、以下の問いを行う。

SQ1　租税法律主義の意味について考えよう。

租税法律主義に関する憲法の関係条文を確認するとともに、租税法律主義の意味を考えさせる。代表が決定する法律によって税が決められ、それに従うというのが基本であること、そのためには代表たちがどのように議論し、決めているのかを知る必要があること、また、そこには税の使い道としての予算が自分たちのために有効に使用されているかをチェックすることも含まれており、そのためには国民も自ら情報を得る努力をする必要があること、そしてどのような情報が活用できるのかを解説する。税の自己申告制度も、国民自らが自分の所得などを計算して納税することを基本としているのであり、そのための所得税法や消費税法の基本と税の計算方法を知らなければならないことなどをわかりやすく説明する。

【第2時】　MQ　税の基本原則とわが国の税制を見てみよう。

SQ1　租税の原則にはどのようなものがあげられるのだろうか。

公平（負担能力に応じて分担すること）、中立（個人、企業等の経済活動の選択をゆがめないこと）、簡素（納税者の理解のしやすさ）があげられることが多く、公平原則については水平的公平（同じ状況にあるもの間の負担の公平）と垂直的公平（異なる状況にあるものの間の負担の公平）や世代間の公平などに分かれることを説明する。このほか、経済成長に資する観点も重視され、それが政策税制にかかわっていることを解説する。

SQ2　憲法のもとで、租税法の体系はどのようにつくられているのだろうか。

所得税法、消費税法、法人税法、相続税法、関税法、地方税法などのエッセンスを資料をもとに説明する。地方における独自課税に関する条例もあり、それに関しては事例を示し、解説する。

SQ3　国税と地方税の種類にはどのようなものがあるのだろうか。

国が課し、徴する租税としての国税と地方公共団体が課し、徴する地方税の種類について、全体像を示すとともに、国税の主要項目、地方税の都道府県税、市町村税の主要科目を解説する。あわせて、名称から理解されやすい税についても少し具体的に説明する。

SQ4　その他の分類について見てみよう。

内国税と関税、直接税と間接税、所得課税、消費課税、資産課税を簡潔に説明するとともに、普通税と目的税を具体例を示し説明する。特に目的税は、特定の政策目的に限定して使用される租税であり、税が収入にかかるだけでなく、支出（政策）に大きくかかわっていることも説明する。

SQ5　税にかかる国と地方の関係はどのようなものだろうか。

地方の課税権は、憲法上の規定を根拠として与えられているという見方と地方税法2条で「地方公共団体は、法律の定めるところによって、地方税を賦課徴収することができる」などにより、国が課税権を付与しているという見方がある。後者では、課税要件や賦課・徴収手続きなどにより独自の課税権の行使を抑制し、地方公共団体間の公平さを維持しようとしていると解釈されることを解説する。ただし、地方分権一括法の導入によって、地方の自由度が増し、法定外目的税の導入が可能になり、他の事例カリキュラムとしての「水と政策」にかかわっては、水源税（「税と政策」の第5時、参照）が、「廃棄物と政策」に関しては産業廃棄物税が多くの自治体で導入されつつあることも付加する。

SQ6　国民の租税に対する意識はどのようになっているのだろうか。

財政に関する意識調査、内閣府の国民選好度調査などを活用し、税が国民に十分納得されたものになっていない点などを資料をもとに説明する。

【第3時】　MQ　国と地方の収入を分析してみよう。

SQ1　国と地方の収支はどのようになっているのだろうか。税と税以外の構成はどのようになっているのだろうか。

直近のデータ（単年度）を活用し、グラフ化したものを生徒たちに見せ、どのような費目が多いか、普通税か目的税か、などを問い、答えさせる。

SQ2　国債や地方債を公債というが、これは何だろうか。

公債は、「借金」であり、財政法では、借金を原則として禁止していること、借金には、特例公債と４条公債（建設国債）があり、それらがどのように異なるのか、後年度負担の正当性などについて考えさせる。
ＳＱ３　わが国の財政を時系列的に追ってみよう。
国と地方に分けて、財政指標などがどう変化しているのかを示し、どのようなことがわかるのかを発表させる。
ＳＱ４　他の先進国と比較した、わが国の財政の特徴とは何だろうか。
所得課税、消費課税、資産課税のウェイトを比較させたり、消費税の軽減税率を適用する品目を比較させたりするとともに、公債残高のＧＤＰ比などについても説明する。あわせて個人課税や法人課税について見るとともに、グローバリゼーションの影響で、法人税を下げる競争が起きていることなどを説明する。
ＳＱ５　税金の流れを追ってみよう。
収入から支出の大きな流れを示し、課税対象（納税者、担税者）がだれで、だれが税金の使用者かを特定化したうえで、国の歳出、財政投融資、地方の収入、国際組織（国連、アジア開発銀行など）への分担金など大枠としての資金の流れを理解させる。
【第４時】　ＭＱ　税制はどのように決定されるのだろうか。
ＳＱ１　小学校で習った過程をまとめてみよう。
国会と常任委員会、財務省、政府税調、与党の税調などについて復習し、決定フローを示す。

ＳＱ２　平成29年度の税制改正を見てみよう。

平成29年度の税制改正大綱の決定過程を取り上げ、各種団体からどのような要望が出され、各省庁はそれをどのように取りまとめ、自民党税調、財務省などでどう集約されているのかをみるとともに、国会でどの程度の時間を使い審議しているのかなどを資料を示しながら解説する。

ＳＱ３　選挙と税制はどのような関係にあるのだろうか。

一般に国民は負担を強いる政策には反対することが多いことを他国の例を含めて説明するとともに、大平首相当時の一般消費税構想から消費税導入、消費税率引き上げまでの長い歴史をたどりながら解説する。また、選挙結果と税の公約との関係性などを考えさせる。

ＳＱ４　税の決定はどのように行われるべきだろうか。

租税法律主義から代表の役割が大きいことが想定されるが、税の専門性や統治の効率性から特定のアクターが決定力を持ってしまうことに対してどのように考えるのか、自由に発表させる。また、税の原則として公平性があるが、異なる原則として経済成長を導入すると、公平性原則が揺らぐ場合もあることなど、原則間の矛盾などについても考えさせる。さらに、過程の透明化に関して、「租税特別措置の適用状況の透明化等に関する法律」の概要、意義や限界について資料をもとに解説する。

【第5時】　ＭＱ　神奈川県の水源環境税について考えてみよう。

SQ1　この税の正式名称とはどのようなものだろうか。また、いつ導入されたのだろうか。「神奈川県水源環境保全・再生県民税」であり、このような税の名称はさまざまであるが、「森林・水源環境税」と呼ばれることも多いことを解説する。また２００７年に導入されたことを付加する。

SQ2　この税を導入した目的とは、どのようなものだろうか。名前からも推察されるように、森林保全とともに、水源環境の保全や再生を目的としたもので、「かながわ水源環境保全・再生施策大綱」に基づく実行5か年計画における12の事業の財源を確保するものであると説明する。

SQ3　受益者と負担者とは具体的にだれを指すのだろうか。広義の受益者である住民（県民）が負担するものであり、両者は一致していることを説明する。

SQ4　このような税制が導入された経緯はどのようなものだろうか。地方分権一括法が「機会の窓」を開いたとともに、すでに２００３年に高知県で同種の税が導入されていたことを説明する。ただし、神奈川県では、１９７０年代以降このような政策について検討されていたものであること、制度設計の検討および実施・評価において「水源環境保全・再生かながわ県民会議」が議論を主導していることなどを年表を使い説明する。

SQ5　現在どのような自治体がこのような税を導入しているのだろうか。資料をもとに、現在までの導入実績を説明する。（37府県と横浜市）

SQ6　神奈川県の水源環境税は、どのような内容を持っているのだろうか。水利用への応益負担ではなく、個人県民税の超過課税方式の形で導入されていることを説明するとともに、資料をもとに水道課税方式との比較について解説する。

SQ7　導入後の過程はどのように展開したのだろうか。同県民会議により、水源環境保全・再生施策の推進や県民への情報提供、NPO関連事業支援などが行われ、税が有効に使われたかに関してもモニター報告書で検討されていることを解説する。

SQ8　このような税制の意義はどのようなものだろうか。「税の検討や導入の過程で森林保全の重要性に対する意識が高揚するといった意識啓発の効果」、「税の導入、実施、評価などの過程において住民が積極的に関与し、主体的な役割を果たすようになった場合、住民主体型税制が実現するといった住民自治の観点から」の意義、「税を巡る参加のプロセスを通じて、住民間、関係者間、地域間に互恵性に基づくネットワークが形成され、森林保全のために協力し合うようになるという意味で社会関係資本の厚みが増す点」での意義(18)などについてどう考えるか、発表させる。

【第6時】　MQ　税などを通して今後の国家・社会のあり方について考えてみよう。

SQ1　先進国は、受益と負担に着目するとどのような社会のパターンに分かれるのだろうか。

各国の高齢化率、国民負担率、福祉水準（社会保障給付費）などのデータを使いながら、相対的に負担の高い国々、低い国々、福祉レベルが相対的に高い国々、低い国々などを見出し、それを両軸にとって、各国の位置を確認する。

SQ2　日本はどこに位置づけられるのだろうか。

北欧圏などと比較して福祉レベルは低いが、アメリカと比べて高いこと、負担はアメリカと同様に低いことなどを発表させる。

SQ3　今後の日本はどのような社会を目指すべきなのだろうか。

財政的に低福祉低負担、中福祉中負担、高福祉高負担が持続可能と思われるが、それぞれの社会の、納税意欲を含めたメリット、デメリットを出させながら、どのような社会が必要かを議論させる。

SQ4　中福祉もしくは高福祉を目指す場合、どのような負担、どのような課税を重点にすべきだろうか。

所得課税、資産課税、消費課税の概略を再度説明するとともに、世代間の公平概念についても触れながらどのようなウェイトで課税すべきかについて自由に議論させる。

SQ5　関連して社会保障と税の一体改革について考えよう。これはどのようなものだろうか。

厚生労働省の資料「社会保障制度改革の全体像」、国税庁の資料、政府広報オンラインにおける「社会保障と税の一体改革」などを活用し、一体改革とはどのようなものか、社会保障の充実と財政健全化という二つの目的を持つ政策であることを理解させるとともに、２０１３年12月に成立した「持続可能な社会保障制度の確立を図るための改革の推進に関する法律」が関わっていることを説明する。また、消費税の使途についても、「年金、医療及び介護の社会保障給付並びに少子化」という4経費に充てるものとされたが、今回の選挙で幼児教育の無償化にも使われることになったことを説明する。

ＳＱ６　どうしてこのような改革が必要とされたのだろうか。

社会保障給付の伸び、社会保障の給付と負担との関係、今後の社会保障費の給付予測などのデータを活用し、その必要性のロジックを考えさせ、発表させた後で、一定の説明を加える。

ＳＱ７　二つの目的は相反することはないのだろうか。

消費税の使途が全世代対応型に広がり、福祉が拡充するといえるが、借入金の返済に十分充てられないと、将来的に社会保障へ財源を回せなくなること、また財政健全化に充てんすれば、社会保障制度の実質化が図られず、福祉国家・社会が持続可能でないことなどを考えさせ、意見を発表させる。

【第7時】　まとめ

第1時から第6時までの基礎内容などをまとめた資料を作成・配布し、確認する。また、ワークシートの活用も考慮する。

第4章　高校における政策教育カリキュラム

1　基礎カリキュラム

(1)　単元名

「政治・政策とは何だろうか。」

(2)　実施学年・教科等

3年・「政策・政治科」（仮称）もしくは科目「政策・政治」（仮称）

(3)　単元について

政策・政治リテラシーの向上を図るため、政策・政治の基本、わが国の国家レベルの制度・構造、過程、政策・効果、地域レベルの制度・構造、過程、政策・効果および国際レベルの制度・構造、過程、政策・効果を扱う。

（4）単元の目標

・平和で、民主的な国家・社会の形成のために、政策課題に対して積極的に取り組むことができる。（意欲・関心・態度）

・政策・政治の基礎概念およびその理想と現実の理解を通じて、平和な国家・社会とはどのようなものか、民主的な国家・社会とはどのようなものか、また、そのような国家・社会における自己の役割とはどのようなものかを認識できる。また、そのような国家における政策はどのように決められ、政策がどのような効果をもって打ち出されているかを理解するとともに、自分を含む国民や政治家を含む公務員の諸活動についても理解できる。（知識・理解）

・国内・国際政治における現象を因果的に解明するとともに、国民が共有する課題を解決する際に、関連する諸条件やデータなどに基づいて合理的に思考し、さまざまな手段のなかから適切なものを選択することができるとともに、政策が出された後においてもその効果はどのような条件で生じるのかを考えながら、修正提案を行うことができる。そのために、自己の意見がどのような条件で成立するか検証しながら、他者の提案のメリット、デメリットを考え、それを表明することができる。（思考・判断・表現）

・国内外の政治・政策関連情報として、データや根拠に基づいて意思決定できるとともに、政策を構想したり、政治へ参加したりするスキルを身につける。（技能）

表3　高校における基礎カリキュラムの授業配分

	制度・構造	過程	政策・効果
政治・政策の基本	第１時　政治・政策とは 第２時　国家とは 第３時　世界の政治体制 第４時　自由民主主義体制 第５時　政策・政治学習の枠組み		
国家レベル	第６時　日本国憲法 第７時　日本国憲法の特徴 第８時　基本的人権と国民 第９時　参政権，公共の福祉と義務 第10時　国会 第11時　内閣 第12時　行政官僚制 第13時　裁判所 第14時　国民の政治参加 第15時　政党 第16時　政治的利益集団とマスメディア 第17時　政治意識と世論 第18時　財政構造と戦後の国家体制	第19時　わが国の政策決定 第20時　政策決定の実際 第21時　統治アクターの決定	第22時　政策とは 第23時　政策論議の深化 第24時　政策効果
	第25時～第30時　生徒の参加型学習		
地域レベル	第31時　日本国憲法などと地方自治 第32時　地方自治の組織 第33時　住民の政治参加 第34時　地域財政と政治意識，制度の集約	第35時　地域の政策決定 第36時　具体的な決定過程 第37時　長や議員の選出過程	第38時　地域政策の展開 第39時　地域政策の効果
	第40時～第46時　生徒の参加型学習		
国際レベル	第47時　国際社会とは 第48時　冷戦期までの国際政治の歩み 第49時　ポスト冷戦期の世界 第50時　世界の現状 第51時　国際連合 第52時　国連の比較研究 第53時　多国籍企業と国際NGO	第54時　国家および国連の決定 第55時　湾岸戦争と地雷禁止条約の締結過程	第56時　国家の外交・安全保障政策 第57時　国連の政策 第58時　戦争の考察 第59時　コソボ紛争の分析
	第60時～第65時　生徒の参加型学習		
全体のまとめ	第66～第70時　政治・政策，国家・社会，平和，民主主義，公民性にかかる問いかけと集約		

（5） 指導計画（70時構成）

表3のとおりである。

（6） 指導の概略

❶ 政治・政策の基本

【第1時】 MQ 政治・政策とは何だろうか。

SQ1 政治とは何だろうか、小・中学校で習った学習を振り返ってみよう。

SQ2 政治は、私たちにどのような影響を与えているのだろうか。

SQ3 なぜ政治は必要なのだろうか。

SQ4 政治をどのように定義したらよいのだろうか。

SQ5 政策をどのように定義したらよいのだろうか。

SQ6 学者はどのように定義しているのだろうか。

【第2時】 MQ 現代の世界は国家に分かれているが、国家とはどのようなものだろうか。

SQ1 国家の歴史について見てみよう。（世界史授業の一部復習）

SQ2 近代国家の特質について確認しよう。

SQ3 中学校で習った国家の三要素との関連はどうだろうか。

SQ4 国家は「想像の共同体」（B・アンダーソン）ともいわれるが、どのようなものなのだろうか。

SQ5　国家はどうして必要なのだろうか。

SQ6　国家と国民の関係はどのように考えればよいのだろうか。

【第3時】　MQ　政治は、世界でどのように行われているのだろうか。

SQ1　政治体制は歴史的にどのように分類されるだろうか。

SQ2　現代世界の政治体制はどのように展開しているのだろうか。

SQ3　世界各国の自由度を見てみよう。

SQ4　世界各国の民主主義度と平和度指数を見てみよう。

SQ5　現代国家の政治体制は、どのように分類されるのだろうか。

【第4時】　MQ　自由民主主義体制の理想と現実について考えよう。

SQ1　世界における人権の発達と民主政治の展開を見てみよう。

SQ2　自由民主主義体制の政治原理とは何だろうか。

SQ3　自由主義と民主主義が相克する可能性はないのだろうか。

SQ4　自由民主主義体制の実際の政治形態はどのようになっているのだろうか。

SQ5　自由民主主義体制にはどのような特色があるのだろうか。

SQ6　この体制のメリットはどのようなことだろうか。

SQ7　この体制のデメリットはどのようなことだろうか。

【第5時】 MQ ここではこれからの政治・政策学習の展開を示してみよう。

SQ1 中学校でも習ったリンカーンの言葉“government of the people, by the people, for the people”を確認しよう。

SQ2 これからの授業を進める全体の枠組みを考えよう。

SQ3 政治が展開する領域を確認しよう。

SQ4 全体の授業構成の概略を説明しよう。

2 国家レベル

【第6時】 MQ 小・中学校で学んできた日本国憲法等を見てみよう。

SQ1 日本国憲法には何が書かれているのだろうか。

SQ2 大日本帝国憲法と比較してみよう。

SQ3 他国の憲法と比較してみよう。

SQ4 憲法は法体系のなかでどのように位置づけられるのだろうか。

SQ5 憲法の改正に関し、どのように書かれているのだろうか。

【第7時】 MQ 日本国憲法の特徴を見てみよう。

SQ1 象徴天皇制とは、どのような体制なのだろうか。

SQ2 象徴天皇制と立憲君主制は同じだろうか。

SQ3　一般に憲法の3本柱として基本的人権の尊重、国民主権、平和主義がいわれるが、その意味することは何だろうか。他国の憲法規定と比較してみよう。
SQ4　憲法9条の解釈はどのように変遷してきたのだろうか。
SQ5　現在の統治機構を大日本帝国憲法下のそれと比較してみよう。
SQ6　現行憲法下における統治機構は三権分立になっているのだろうか。
SQ7　統治機構を動かしている人々は一般にどのように呼ばれるのだろうか。
SQ8　国家公務員法とはどのようなものだろうか。

【第8時】　MQ　国民の権利とはどのようなものだろうか。

SQ1　国民とは、だれのことを指すのだろうか。
SQ2　人権の内容を確認しよう。
SQ3　自由権的基本権として人身の自由、精神の自由、経済の自由とはどのようなものだろうか。
SQ4　平等権とはどのようなものだろうか。
SQ5　合理的な区別と認められない差別とは、どのようなものだろうか。
SQ6　社会権的基本権とはどのようなものだろうか。
SQ7　請求権とはどのようなものだろうか。
SQ8　人権関連条約と日本の批准状況はどのようなものだろうか。

SQ9　新たな人権とはどのようなものだろうか。

【第9時】　MQ　参政権と国民の義務、公共の福祉と人権について考えよう。

SQ1　参政権とはどのようなものだろうか。
SQ2　選挙権とはどのようなもので、どのような意義があるのだろうか。
SQ3　被選挙権とはどのようなもので、どのような意義があるのだろうか。
SQ4　参政権を支える条件にはどのようなものがあるのだろうか。
SQ5　国民の義務にはどのようなものがあるのだろうか。
SQ6　他国における義務規定にはどのようなものがあるのだろうか。
SQ7　公共の福祉とは何だろうか。
SQ8　公共の福祉に対する人権の制限とはどのようなものだろうか。

【第10時】　MQ　国会について考えてみよう。

SQ1　国権の最高機関としての国会は、どのような機能を果たしているのだろうか。
SQ2　二院制の実際はどのようなものだろうか。
SQ3　国会の組織と権限、ルールとはどのようなものだろうか。
SQ4　国会の問題点にはどのようなものがあるのだろうか。
SQ5　国会議員の使命とは何だろうか。
SQ6　国会議員の活動はどのように支えられているのだろうか。

ＳＱ７　国会議員の一日や一週間（国会開会時）はどのように構成されているのだろうか。

【第11時】　ＭＱ　内閣について見てみよう。

ＳＱ１　大日本帝国憲法下と現在の内閣の機能に違いはあるのだろうか。

ＳＱ２　内閣法のポイントを考えてみよう。

ＳＱ３　総理大臣の権限はどのように規定されているのだろうか。

ＳＱ４　内閣総理大臣にはどのような資質が期待されるのだろうか。

ＳＱ５　政務三役としての国務大臣、副大臣、政務官の役割はどのようになっているのだろうか。

ＳＱ６　内閣の構成メンバーは歴史的にどのように推移しているのだろうか。

ＳＱ７　首相補佐機関の変遷はどのようになっているのだろうか。

ＳＱ８　行政機関を執政部分と行政部分に分けるとどのようなことが見えてくるのだろうか。

また、両者の関係はどのようにあるべきだろうか。

ＳＱ９　首相の一日や一週間とはどのようなものだろうか。

【第12時】　ＭＱ　行政官僚制の仕組みはどのようになっているのだろうか。

ＳＱ１　行政官僚制とは何だろうか。

ＳＱ２　行政官僚制の組織はどのような特徴があるのだろうか。

ＳＱ３　国家行政組織法、各省庁設置法のポイントは何だろうか。

SQ4　わが国の行政作用の拡大を見てみよう。
SQ5　強化された行政作用に対して民主的統制を行うにはどのような手段があるのだろうか。
SQ6　シビリアンコントロールとは何だろうか。どのような意味があるのだろうか。
SQ7　行政官僚制の問題とは何だろうか。
SQ8　官僚の使命とは何だろうか。

【第13時】　MQ　裁判所について見てみよう。

SQ1　大日本帝国憲法と現行憲法を比べ、司法権規定はどのように異なっているのだろうか。
SQ2　司法権の独立とは何を意味しているのだろうか。
SQ3　裁判の種類にはどのようなものがあるのだろうか。
SQ4　裁判組織の構成と三審制とはどのようなものだろうか。
SQ5　司法消極主義とはどのような意味だろうか。
SQ6　裁判官の使命とは何だろうか。

【第14時】　MQ　国民の政治参加について考えよう。

SQ1　日本国憲法における統治機構と国民との関係はどのようになっているのだろうか。
SQ2　国民の政治への参加は民主主義体制にとってどのような意味を持つのだろうか。

ＳＱ３　政治参加の手段には、どのようなものがあるのだろうか。

【第15時】　MQ　政党とは、何だろうか。

ＳＱ１　各国における政党は、どのようなものがあるのだろうか。

ＳＱ２　政党とはどのようなものを指すのだろうか。

ＳＱ３　政党制とはどのようなことを指すのだろうか。

ＳＱ４　わが国における政党は戦後どのように展開してきたのだろうか。

ＳＱ５　政党の役割についてどのようなものがあるのだろうか。

ＳＱ６　議院内閣制における野党の役割とはどのようなものだろうか。

ＳＱ７　わが国の政党の綱領や組織にはどのようなものがあるのだろうか。

ＳＱ８　派閥や政策グループとはどのようなものだろうか。

ＳＱ９　政党の活動はどのように賄われているのだろうか。

ＳＱ10　わが国の民主主義にとって政党はどのような意味を持つものなのだろうか。

【第16時】　MQ　政治的利益集団、マスメディアとは何だろうか。

ＳＱ１　政治的利益集団とはどのようなものだろうか。

ＳＱ２　わが国の政治的利益集団にはどのようなものがあるのだろうか。

ＳＱ３　政治的利益集団はどのような活動をしてきたのだろうか。

ＳＱ４　利益集団リベラリズムとは何だろうか。また、政治的利益集団が民主政治にとってもつ意味とは何だろうか。

SQ5　マスメディアとは何だろうか。

SQ6　マスメディアの効果にはどのようなものがあるのだろうか。

SQ7　マスメディアの政治における役割とはどのようなものなのだろうか。

SQ8　マスメディアのあるべき役割とは何だろうか。

SQ9　わが国のマスメディアの問題点にはどのようなものがあるのだろうか。

SQ10　マスメディアと民主政治との関連性について考えてみよう。

【第17時】　MQ　国民の政治意識と世論はどのようになっているのだろうか。

SQ1　政治意識とは何だろうか。

SQ2　国民の政治への関心はどのようなものだろうか。

SQ3　年齢別にはどのようなことがいえるのだろうか。

SQ4　どうして政治的無関心が増大しているのだろうか。

SQ5　世論とは何だろうか。また、その抱える問題点とは何だろうか。

【第18時】　MQ　わが国の財政構造を見るとともに、わが国の国のかたちを考えよう。

SQ1　財政とは何だろうか。

SQ2　わが国の歳入はどのように成り立っているのだろうか。

SQ3　わが国の財政を他国と比較するとどのようなことがわかるのだろうか。

SQ4　制度・構造からみる、わが国の国家体制は戦後どのように変容してきたのだろうか。
SQ5　わが国の制度・構造をどのように評価したらよいのだろうか。

【第19時】　MQ　わが国の政策決定の流れとはどのようなものだろうか。

SQ1　日本国憲法の制定過程はどうだったのだろうか。
SQ2　憲法改正は、どのように規定されているのだろうか。
SQ3　法律等はどのような過程を経て成立するのだろうか。
SQ4　法律が作られた後実施されるまで、どのような過程が展開されるのだろうか。
SQ5　これまでに予算や法律の修正は行われてきたのだろうか。
SQ6　閣議の決定過程はどのようになっているのだろうか。
SQ7　各省庁での意思決定過程はどのようになっているのだろうか。
SQ8　最高裁判所の決定は、どのように行われるのだろうか。
SQ9　裁判所の審議は、刑事・民事・行政裁判でどのように展開するのだろうか。
SQ10　決定方法に問題はないだろうか。

【第20時】　MQ　政策決定の具体例を見てみよう。

SQ1　政策決定はどのようなイメージでとらえればよいのだろうか。
SQ2　政策決定の事例を分析しよう。
SQ3　事例において決定過程をどのような基準で評価したらよいのだろうか。

【第21時】　MQ　統治機構を構成するアクターはどのように選ばれるのだろうか。

ＳＱ１　国会議員はどうだろうか。
ＳＱ２　有権者の投票行動の決定要因とは何だろうか。
ＳＱ３　われわれは、代表をどのように選べばよいのだろうか。
ＳＱ４　ネット選挙の解禁はどのような影響をもたらすのだろうか。
ＳＱ５　総理大臣、国務大臣、副大臣、政務官、最高裁判事などの決定はどのように行われるのだろうか。
ＳＱ６　行政職員の決定、裁判官や検察官などの決定過程はどうだろうか。
ＳＱ７　最高裁判事の国民審査の手続きや裁判官の弾劾裁判の手続きはどのように進むのだろうか。
ＳＱ８　決定過程に問題はないのだろうか。

【第22時】　MQ　政策とは何だろうか。

ＳＱ１　私たちの生活と政策はどのように関連しているのだろうか。
ＳＱ２　政策はどのような種類に分かれるのだろうか。
ＳＱ３　政策をみるポイントにはどのようなものがあるのだろうか。
ＳＱ４　公共財とは何だろうか。
ＳＱ５　日本国憲法と政策は関係しているのだろうか。

SQ6　どのような法律を知っているのだろうか。また、法律をどのように分類することができるのだろうか。

SQ7　法律の一般的構成はどのようになっているのだろうか。

SQ8　福祉国家の根幹にある社会保障政策の具体的内容にはどのようなものがあるのだろうか。

【第23時】　MQ　国の政策理解をさらに深めてみよう。

SQ1　政策理念とは何だろうか。

SQ2　国の予算から政策を考えよう。

SQ3　政党の綱領から政策を考えよう。

SQ4　政党の公約から政策を考えよう。

SQ5　最高裁の違憲判決から政策を考えよう。

SQ6　私たちは、政策をどのように評価したらよいのだろうか。

【第24時】　MQ　政策の効果を考えよう。

SQ1　政策はいつ効果が現れるのだろうか。

SQ2　政策の効果にはどのようなものが考えられるのだろうか。

SQ3　政策の効果は、過程で考えられたアクターの政策意図や政策の目的とどのように関係を持っているのだろうか。

ＳＱ４　政策は一定の時間を経たのちどのように評価されるのだろうか。
ＳＱ５　議員定数是正訴訟への最高裁判決の影響はどのように現れるのだろうか。

【第25時～第30時】生徒の参加型学習

〈前半２時間〉
以下の授業例が考えられる。詳細は割愛する。
①法律作成プロジェクト
②政策分析プロジェクト
③模擬投票プロジェクト
④論争問題のディベート
〈後半４時間〉
「世界の平和を守るために日本は何をすべきか。」
第１時　教師が、基本的知識を伝える（平和へのアプローチ、制度・構造、戦後史、政策史、政策・効果を中心に）
第２時　グループごとに下位テーマを設定し、調べ学習とまとめ
第３時　ポスター発表と内容付加（生徒の学習と政策選択肢の検討）
第４時　グループ発表

3 地域レベル

【第31時】 MQ 日本国憲法、地方自治法などで地方はどのように位置づけられているのだろうか。

SQ1 憲法8章において地方自治はどのように規定されているのだろうか。また、「地方自治の本旨」とは何を意味しているのだろうか。

SQ2 大日本帝国憲法では地方はどのように位置づけられていたのだろうか。あわせて地方に関する法制の大きな流れを明治以降から現在まで確認してみよう。

SQ3 他国の憲法で、「地域」はどのように規定されているのだろうか。

SQ4 地方自治法は何を規定しているのだろうか。

SQ5 地方自治体（地方公共団体）の種類にはどのようなものがあるのだろうか。

SQ6 地方分権一括法の概要とはどのようなものだろうか。

SQ7 国と地方との関係はどのように変わったのだろうか。

SQ8 実際上、国は地方にどのようにかかわっているのだろうか。

【第32時】 MQ 「地方自治」の組織はどのように構成されているのだろうか。

SQ1 地方における二元代表制とはどのようなものだろうか。

SQ2 二元代表制は十分機能しているのだろうか。

SQ3 行政の多元制とその実際とはどのようなものだろうか。

ＳＱ４　首長はどのような役割を果たしているのだろうか。
ＳＱ５　首長を補佐する体制はどのようになっているのだろうか。
ＳＱ６　地方公務員法のポイントを見てみよう。
ＳＱ７　議会はどのような役割を果たしているのだろうか。
ＳＱ８　議会内の組織にはどのようなものがあるのだろうか。
ＳＱ９　地方議会での政党の浸透度はどのようになっているのだろうか。
ＳＱ10　長と議会との関係はどのようになっているのだろうか。
ＳＱ11　首長はどのような活動をしているのだろうか。また、どのような活動をすべきなのだろうか。
ＳＱ12　議員はどのような活動をしているのだろうか。また、どのような活動をすべきなのだろうか。

【第33時】　ＭＱ　住民の政治参加にはどのようなものがあるのだろうか。

ＳＱ１　住民とはだれを指すのだろうか。
ＳＱ２　地方選挙の仕組みはどのようになっているのだろうか。
ＳＱ３　住民の直接請求権等にはどのようなものがあるのだろうか。
ＳＱ４　住民投票制度はどのように設計されているのだろうか。
ＳＱ５　住民投票の結果と議会の決定との関係はどのようになっているのだろうか。

ＳＱ６　その他の参加にはどのようなものがあるのだろうか。
ＳＱ７　参加の前提条件はそろっているのだろうか。
ＳＱ８　地域における直接民主主義と間接民主主義をどのように調和させたらよいのだろうか。

【第34時】　ＭＱ　地方財政および地方の政治意識の特徴をとらえると同時に、地域政治の変容を集約してみよう。

ＳＱ１　地方財政の収入構造を見てみよう。
ＳＱ２　地方財政を分析してみよう。
ＳＱ３　住民の地域政治に対する関心は高いのだろうか。
ＳＱ４　意識調査から住民の意識を探ってみよう。
ＳＱ５　戦後の地方政治の展開を簡潔に見てみよう。

【第35時】　ＭＱ　地方における決定過程はどのように展開するのだろうか。

ＳＱ１　条例はどのようにつくられるのだろうか。
ＳＱ２　規則、要綱はどのようにして決定されるのだろうか。
ＳＱ３　予算はどのようにつくられるのだろうか。
ＳＱ４　専決処分はどのように行われるのだろうか。
ＳＱ５　行政内部ではどのような意思決定がなされるのだろうか。

ＳＱ６　地方議会の審議過程はどのようになっているのだろうか。
ＳＱ７　議会審議上の問題点はないのだろうか。
ＳＱ８　住民の直接請求プロセスはどのように展開されるのだろうか。
ＳＱ９　住民監査請求、住民訴訟の手続きはどのようになっているのだろうか。
ＳＱ10　住民投票の手続きはどのようになっているのだろうか。

【第36時】　ＭＱ　地域における決定過程を具体的に見てみよう。

例えば予算の意思決定に関し、政策決定の見える化に取り組んでいる自治体の具体例をみて概算要求や査定の過程などを説明する。あわせて過程に登場するアクター、段階、論点などをまとめて生徒たちの過程への理解を促進するとともに、行政がどうかかわり、住民たちがその過程にどのように参加したらよいかについても考えさせる。

【第37時】　ＭＱ　首長、議員等をどのように選んでいるのだろうか。

ＳＱ１　首長は、どのように選ばれるのだろうか。
ＳＱ２　どのような属性を有する人が首長になっているのだろうか。
ＳＱ３　どのような基準で選ばれているのだろうか。
ＳＱ４　副市長、会計管理者、教育委員会委員、選挙管理委員会委員長はどのように決まるのだろうか。
ＳＱ５　都道府県、市町村の公務員はどのように選ばれるのだろうか。

ＳＱ６　地方議会議員はどのように選ばれるのだろうか。
ＳＱ７　どのような属性を有している人が議員になっているのだろうか。
ＳＱ８　どのような基準で選ばれているのだろうか。

【第38時】　ＭＱ　地域政策はどのように展開しているのだろうか。

ＳＱ１　身近な政策を考えてみよう。
ＳＱ２　予算を調べてみよう。
ＳＱ３　学校が立地している自治体では、どのような条例が出されているのだろうか。
ＳＱ４　市町村の基本構想、基本計画を見てみよう。
ＳＱ５　学校所在地の都道府県知事、市町村長候補者の公約は何だったのだろうか。（前時の課題としておく）
ＳＱ６　国家レベルの政策と地域レベルの政策は同じだろうか。

【第39時】　ＭＱ　地域政策の効果を見てみよう。

ＳＱ１　地域においてどのような事業に、どのような効果があると想定されるのだろうか。
ＳＱ２　政策によっては効果が可視的なものとそうでないものがあるが、どのようなものだろうか。
ＳＱ３　ストロー効果やスピル・オーバー効果とは何だろうか。
ＳＱ４　市町村合併とその効果を分析してみよう。

ＳＱ５　政策の効果をどのように評価したらよいのだろうか。

【第40時から第46時】　生徒の参加型学習

例えば、以下の実践が考えられる。（前半、後半各3時間）詳細は割愛する。

①条例作成プロジェクト

②紛争事例分析プロジェクト

③ロジック・モデルを活用した地域政策の案出

④模擬議会・模擬投票

4 国際レベル

【第47時】　ＭＱ　国際社会とは何だろうか。

ＳＱ１　国内社会と国際社会を比較してみよう。

ＳＱ２　国際政治と国内政治は何が異なるのだろうか。

ＳＱ３　平和と戦争とは何だろうか。

ＳＱ４　国際政治の見方にはどのようなものがあるのだろうか。

ＳＱ５　リアリズムとリベラリズムでは、どのような違いがあるのだろうか。

ＳＱ６　国際政治を考える基礎的な概念にはどのようなものがあるのだろうか。

ＳＱ７　国際法の基本にはどのようなものがあるのだろうか。

【第48時】 MQ 近代主権国家によって構成される、冷戦期までの国際政治はどのような歩みをしてきたのだろうか。

ＳＱ１ ウェストファリア体制以降の国家の歩みを大きなトレンドで見てみよう。

ＳＱ２ 上記期間において民主化はどのように進んだのだろうか。

ＳＱ３ 歴史総合（実施を想定）の授業から第二次世界大戦後の歴史を冷戦崩壊まで簡潔にまとめてみよう。

【第49時】 MQ ポスト冷戦期の世界はどのように展開してきたのだろうか。

ＳＱ１ ポスト冷戦期はいつ始まり、どのように動いてきたのだろうか。

ＳＱ２ ポスト冷戦期の特徴はどのようなものがあるのだろうか。

ＳＱ３ 現在はポスト冷戦期として位置づけられるのだろうか。

ＳＱ４ ポスト冷戦期の日本外交を振り返ってみよう。

【第50時】 MQ 世界の現状を見てみよう。

ＳＱ１ 国際政治のアクターはどのように変化してきたのだろうか。

ＳＱ２ わが国の外交・安全保障アクターとはどのようなものだろうか。

ＳＱ３ 当該アクターには、どのような資質が要求されるのだろうか。

ＳＱ４ 世界の国々をさまざまな切り口で見てみよう。

ＳＱ５ 領土とは何だろうか。

ＳＱ６　国家間にはどのようなネットワークがあるのだろうか。
ＳＱ７　グローバリゼーションの進行は、世界各国にどのような影響を与えているのだろうか。

【第51時】ＭＱ　国際連合について見てみよう。

ＳＱ１　国連の語源は何だろうか。
ＳＱ２　国連加盟国数はどのように推移しているのだろうか。
ＳＱ３　国連憲章は、いつできたのだろうか。その目的とはどのようなものだろうか。
ＳＱ４　国際連合の機関にはどのようなものがあるのだろうか。
ＳＱ５　主要機関はどのような活動を任務としているのだろうか。
ＳＱ６　総会、安全保障理事会、国際司法裁判所などの組織上の問題点を見てみよう。
ＳＱ７　国連財政、スタッフはどのように成り立っているのだろうか。また、問題点はないのだろうか。
ＳＱ８　国連事務総長や国連職員には、どのような資質が要求されるのだろうか。

【第52時】ＭＱ　国連を国際連盟、ＥＵと比較し、その特徴と問題点を見てみよう。

ＳＱ１　国際連盟とどのように異なるのだろうか。
ＳＱ２　ＥＵとどのように異なるのだろうか。
ＳＱ３　三者を比較してみよう。

SQ4　国際連盟と国際連合の比較において、組織内民主主義や国際平和の実効性の観点からどのように評価されるのだろうか。

SQ5　国連をどのように改革したらよいのだろうか。

【第53時】　MQ　国家、国連等の国際組織以外に国際社会で影響力を持ちうるアクターについて見てみよう。

SQ1　多国籍企業とは何を指すのだろうか。

SQ2　多国籍企業の雇用や税収への影響を分析してみよう。

SQ3　多国籍企業の国際政治における問題とは何だろうか。

SQ4　NGOとは何を指すのだろうか。どのような活動をしているのだろうか。

SQ5　国際NGOとは何だろうか。また、どのような活動をしているのだろうか。

SQ6　国際NGOの活動成果とは何だろうか。またどのような問題点を抱えているのだろうか。

SQ7　国際世論とは何だろうか。

【第54時】　MQ　国家および国連での決定はどのように行われているのだろうか。

SQ1　主権国家における条約発効までのプロセスはどのように展開するのだろうか。

SQ2　主権国家は、どのようにして外交・安全保障政策を形成しているのだろうか。

SQ3　パットナムの2レベル・ゲームをもとにして、外交政策の決定を考えてみよう。

ＳＱ４　国連での意思決定はどのようになされているのだろうか。
〈①国連総会、②安保理、③国際司法裁判所〉
ＳＱ５　国連におけるアクターの選出過程はどのようになっているのだろうか。
〈①国連加盟国の承認、除名、②国連の常任理事国の選定、③国連の非常任理事国の選定、④事務総長の選定、⑤国連職員の選定〉
ＳＱ６　国家および国連の決定の仕方における問題点とは何だろうか。

【第55時】　ＭＱ　湾岸戦争の展開および地雷禁止条約の締結の事例を見てみよう。

〈湾岸戦争〉
ＳＱ１　湾岸戦争の特徴とは何だろうか。
ＳＱ２　湾岸戦争はどのように推移したのだろうか。
ＳＱ３　戦争を分析する視点を見てみよう。
ＳＱ４　湾岸戦争の意味やインパクトについて考えてみよう。
〈地雷禁止条約〉
ＳＱ５　地雷禁止条約の意義とは何だろうか。
ＳＱ６　同条約の策定経過を追ってみよう。
ＳＱ７　同条約の決定過程を分析してみよう。
ＳＱ８　同条約がもたらしたものとは何だろうか。

【第56時】　MQ　国家の外交・安全保障政策とその効果について見てみよう。
SQ1　国家の外交・安全保障政策は、どのような要素から成り立っているのだろうか。
SQ2　2005年の「カナダ国際綱領」を概観してみよう。
SQ3　日本の外交・安全保障政策を見てみよう。
SQ4　国際公共財とは何だろうか。それはどのような効果を各国にもたらすのだろうか。
SQ5　「民主的平和」の議論は、戦争をなくすことに貢献するのだろうか。
SQ6　M・ウォルツァーの「明白な侵略への対抗」以外に、戦争や軍事介入を正当化できるケースを四つ設定しているが、このことについて自由に議論しよう。

【第57時】　MQ　国連の政策を見てみよう。
SQ1　国連憲章に見る安全保障政策の基本は何だろうか。
SQ2　安全保障を確保するための政策はどのようになっているのだろうか。
SQ3　勢力均衡体制と集団安全保障体制はどのように異なるのだろうか。
SQ4　ガリ事務総長の『平和への課題』（1992年）について議論してみよう。
SQ5　国連における人道支援を正当化する議論として「保護する責任」が掲げられてきたが、それはどのようなものだろうか。
SQ6　人間の安全保障とは何を意味するのだろうか。
SQ7　国連民主主義基金の設立とその活動をどのように評価すべきなのだろうか。

SQ8　国連では、世界における貧困撲滅なども目指されてきた。その内容はどのようなものだろうか。

SQ9　国連の政策をどのような基準で評価したらよいのだろうか。

【第58時】　MQ　戦争はなぜ起きるのだろうか。小・中学校の議論を復習してみよう。

SQ1　これまでの歴史で起こった戦争にはどのようなものがあるのだろうか。

SQ2　近現代の戦争の特質とは何だろうか。

SQ3　戦争の原因は何だろうか。

SQ4　戦争を禁止する国際法にはどのようなものがあるのだろうか。

SQ5　軍縮はどのように進んでいるのだろうか。

SQ6　戦時国際法とはどのようなものを指すのだろうか。

【第59時】　MQ　コソボ紛争の経過を追ってみよう。

SQ1　前史はどのように展開したのだろうか。

SQ2　戦争は何をきっかけに生じたのだろうか。

SQ3　紛争はどのように経過しただろうか。

SQ4　どのような戦闘の特徴（兵器、戦闘技術など）があり、戦死者、負傷者はどのくらいになったのだろうか。

SQ5　戦時中の外交交渉とはどのようなものだったのだろうか。

ＳＱ６　どのような帰結を生じさせたのだろうか。
ＳＱ７　戦後秩序はどのように構築されたのだろうか。

【第60時から第65時】生徒の参加型学習

例えば、以下の実践例が考えられる。（前半、後半各3時間）詳細は割愛する。
①国連憲章の改正プロジェクト
②各国の行動分析プロジェクト（例：ロシアのクリミア侵攻のロジック、アメリカのシリア空爆のロジックなど）
③京都議定書とパリ協定の成立過程等の比較
④グローバル・イシューへの取り組み

5　全体のまとめ

【第66時〜第70時】（考査の時間を含む）

政治・政策、国家・社会に関する基礎概念、民主主義、日本の民主政治、日本の平和主義、「公民性」に関する復習と設問から構成する。

2　事例カリキュラム

（1）水と政策

❶ 単元名

「水と政策について考察しよう。」

❷ 実施学年・教科等

2年・総合的学習の時間

❸ 単元について

本単元は、高校学習指導要領総合的学習の時間の目標や内容に準拠し、水に関する政策課題の解決などを通して政策・政治リテラシーの向上を図るものである。

政策内容については、水に関する法律全体を扱うとともに、そのなかでも水循環基本法、水循環基本計画などを対象に、その内容の理解を深めている。また、水害対策、水紛争をめぐるルールや海洋基本法について考察させている。

政策過程においては、水循環法の成立過程を検証させるとともに、水紛争がどのような過程を経て展開するのかを事例をもとに理解させている。

政策内容については、水道事業の運営形態、海洋国家のビジョンなどについて考えさせている。

4 単元の目標

・水の大切さやそれに関わる政策について自主的に考えようとすることができるとともに、今後の水害に自分たちでどう備えるのか、また水道事業の運営や海洋秩序についての提案活動に積極的に取り組むことができる。（意欲・関心・態度）

・政策が自分たちの活動と水害対策においてどう連携しているのか、理解できるとともに、水紛争の実態とその解決ルールなどについても理解することができる。（知識・理解）

・水害の原因分析から対策案を考える過程において、政策の前提となる条件などを考察し、思考を深めるとともに、水道事業の運営における経営的視点などを考えることができる。（思考・判断・表現）。

・水や政策に関するデータや資料などを読み解き、活用できる。（技能）

5 指導計画（7時間構成）

第1時　小・中学校の水学習を復習してみよう。（1時間）

第2時　水に関する法制を考えよう。（1時間）
第3時　水害対策について深く考えよう。（1時間）
第4時　水紛争はなぜ起きるのだろうか。どのようにしたら解決できるのだろうか。（1時間）
第5時　水道事業の運営形態について考えよう。（1時間）
第6時　海の秩序をどのようにつくるか、考えよう。（1時間）
第7時　まとめ（1時間）

6 指導の概略

【第1時】　MQ　小・中学校の水学習を復習してみよう。

水法制について復習するとともに、世界の水需給、その偏在、ダム建設をめぐる問題にかかわる合意形成、水関連法、水質基準、河川法、近隣の水害対策事例、水道のサービスと負担、国連海洋法条約などのエッセンスに触れる。

【第2時】　MQ　水に関する法制を考えよう。

SQ1　水に関連する法律はどのくらいあるのだろうか。

これまでの水学習で扱ってきた水道法、下水道法、河川法、水質汚濁防止法、水資源開発法を含め約30数本あることを資料とともに示す。そのなかで重要な位置を占めるものが河川法であることを解説する。

ＳＱ２　水に関する総合的法律はないのだろうか。
水循環基本法の存在に気づかせる。
ＳＱ３　水循環基本法はどのような経緯で成立したのだろうか。
学者、国会議員を含む「水制度改革国民会議」（前身は、「水制度改革市民フォーラム」）が、２００８年６月に発足。ここで、水循環政策大綱および同基本法要綱案がまとめられる。２０１０年と２０１１年に「水制度改革を求める国民大会」が開かれ、制度改革への契機を形成するが、各省庁や産業界などの反対も顕在化。しかし、２０１３年６月に衆議院で可決され、国会閉会により審議未了・廃案となるも、翌年２０１４年に成立したものであることを説明する。
ＳＱ４　水循環基本法の目的、内容とはどのようなものだろうか。
１条において健全な水環境の維持・回復を目的とし、わが国の経済社会の健全発展、国民生活の安定向上、水循環に関する政策について基本理念等を定め、担当組織として水循環政策本部の設置をうたっている。２条で水循環の定義、３条で健全な水循環の維持・回復のための取り組みの積極的推進、水の公共性と適正な利用など五つの基本理念が示されていることを資料をもとに解説する。
ＳＱ５　水循環基本計画や基本施策とはどのようなものだろうか。
13条で同計画の規定がなされ、５年ごとに見直しすることになっている。基本施策は、14条

～21条で規定され、貯留・涵養機能の維持・向上、水の適正かつ有効利用の促進、流域連携の推進等がうたわれていることを説明する。

ＳＱ６　この法律や計画をどのように評価したらよいのだろうか。

これまで地下水に関する法律などが欠落しており、かつ水法制は数省庁に分散管理されていたものが統合され、水を国民共有の財産とし、国と自治体が水関連政策を策定し、実施する責務を持つものにしたことなど一定の評価できる面があるものの、実際上担当大臣が専任でない、などの問題も挙げられることを説明する。

【第３時】　ＭＱ　水害対策について深く考えよう。

ＳＱ１　この５年程度を考えた、日本、世界における水害にはどのようなものがあるのだろうか。

自由に発表させるとともに、資料をもとに発生年月、死亡者数を含む被害状況などについて解説する。

ＳＱ２　どのような原因で水害が発生しているのだろうか、考えてみよう。

新聞資料、国際会議の提言や有識者の意見なども活用し、いくつかの水害事例において、その原因を考察させる。自然要因や人為的要因については、どのような対策を行えばよいかを自由に発表させる。

ＳＱ３　水害予防対策、水害発生時の対策にはどのようなものがあるのだろうか。

歴史的に洪水対策として、信玄堤などが作られてきたが、その後、ダム、調節池、管内貯留、土砂のすべり止め、川幅の拡張、堤防づくり、堤防のかさ上げ、土地利用規制、緊急速報配信体制などが行われてきたことを事例を紹介しながら、解説する。また、対策には、原因対策と対症療法的政策があることやどのような法制が関わるのか、予算はどれだけ投入してきたのか、などについて説明する。あわせて地域類型ごとにタイムラインを作成し、どのような政策（例えば高潮対策、洪水対策、地すべり対策など）が必要かをワークシートなどを使いながら完成させる。またどのようなタイミングで、どのような情報を住民に提供すればよいのかを考えさせる。

SQ4　市町村職員は、どのような行動をとるべきなのだろうか。

大規模水害のタイムライン（災害事前想定行動計画表）などに基づき、気象情報収集、避難勧告の条件確認、河川等の監視、被災予想地域への注意喚起など、災害シナリオごとに対応を十分に確認し、災害発生前から出動するようにすることが重要となっていることを解説する。

SQ5　私たちは、水害発生に備え、どのような準備をしたらよいのだろうか。

自分たちが住んでいる場所や基本的動線の安全性に日頃から注意を払うとともに、洪水ハザードマップをチェックしたり、地域の避難場所や家族の集合場所などを確認したりしておくこと、避難訓練への参加、災害時の行動の決定、などの重要性を指摘する。

SQ6　他国などで起きた水害などに、日本はどのような支援を行っているのだろうか。

国際緊急援助隊の派遣だけでなく、私たちができる支援としては、金銭や毛布などの支援がさまざまな機関を通じてなされていることなどを付加する。

【第4時】 MQ 水紛争はなぜ起きるのだろうか。どのようにしたら解決できるのだろうか。

SQ1 水紛争とは何だろうか。

1995年にセラゲルディン世銀副総裁は「20世紀は石油をめぐる紛争の世紀であったが、21世紀は水紛争の世紀になる。」と主張したが、その理由について考えさせる。

SQ2 わが国における水紛争にはどのようなものがあり、どのような解決法がとられたのだろうか。

農業集落では歴史的に上流域と中・下流域での水争いがあった。それは、渇水が農作物に多大な打撃を与えるからである。渇水時以外にも新田開発にあたっての水源確保もかかわる。解決法は、古田優先、平等分水原則など歴史的経緯や地域特性に応じて形成されてきたことを説明する。その他、明治以降は、中学校の水学習でみたようなダム建設などをめぐる紛争が典型的であることを解説する。

SQ3 世界での紛争はどうだろうか。

多くの国で水不足の懸念があり、世界には、国際河川（複数の国が河川の流域を共有する川）が260以上もあることから、日本より深刻な状況にあることを説明する。

SQ4 世界の水紛争の事例にはどのようなものがあるのだろうか。

例えばドナウ川（チェコとハンガリー）、ナイル川（スーダンとエジプト）の紛争が有名である。

SQ5　紛争はどのように展開したのだろうか。
例えばドナウ川では、1977年にチェコスロバキア（上流国）とハンガリー（下流国）の間で、水力発電、舟運航路の改修、ダム建設について協定を交わしたことに始まる。協定により、両国はダム建設を予定したが、スロバキア側が完成したのに対し、ハンガリーは完成できず、結局同国が不利益（上流のダムを稼働させるとハンガリーの使用水量が減少し、河川沖積湿地帯の地下水位が低下した）を訴えたものである。この件について1992年国際司法裁判所が、両国に罰金支払いの裁定を行い決着したが、この背後には両国がEC加盟を希望し、その条件として「近隣国との係争を抱えてはならない」との条件から歩み寄ったものといえる。国際司法裁判所が機能した唯一のケースといえることを説明する。
SQ6　国際的ルールはないのだろうか。
水利用原則はローマ帝国時代からあったが、近年では、1966年に国際法協会が出した「国際河川水の利用に関する規則」（ヘルシンキルール）があることを説明する。また、1997年国連総会採択の「国際河川非航行的利用に関する条約」（国際水路の利用、開発、保全、管理および保護、現在および将来世代のための最適および持続可能な利用の促進を確保することを目的とし、衡平な利用および重大な危害を与えない義務がルールとして盛り込まれた）は、批准国が足りず発効していないが、国際慣習法として定着してきていることを解説する。
SQ7　紛争解決には何が必要だろうか。

自由に考えを発表させるとともに、例えば世界水フォーラム（第3回、2003年）では、「水と平和」に関する不可欠の要素として、水を要求して対立するのではなく、地域経済の統合に向けて諸国家間で便益を共有しあうこと、上流における一方的水開発は下流における利用に影響を及ぼすことを認識すること、透明性ある参加型手法で、流域および帯水層資源の競合する利用の均衡を図ること、紛争の原因ならびに可能性のある政策対応について知識を深めることなどがあげられたことを解説する。

【第5時】 MQ 水道事業の運営形態について考えよう。

SQ1 中学校で学んだ水道料金について復習してみよう。

水道料金が使用水量やメーターの口径が関わっていることなどを復習するとともに、その料金は、地方自治法225条で規定する使用料に当たり、水道法14条2項で、料金水準に関する原価主義と料金設定の原則が示されていることを補足する。

SQ2 水道料金収入は、どのように推移しているだろうか。

2000年をピークに使用量が減少し、また節水機器の普及などで減少していることを説明する。給水人口も2010年をピークに減少し、一人当たりの使用料も減少するものと予測されていることを付加する。

SQ3 このような状況は水を供給する主体から見たら、どのような問題を提起しているのだろうか。

水道法6条2項で、「市町村経営が原則」であることが書かれていること、また地方財政法6条で、独立採算となっていることを踏まえて、経営が難しくなっていることを説明する。上水道の事業体は、市営が2014年現在688、町村営が517、指定都市20、都道府県営26、企業団営が97となっている。このうち赤字は、4分の1近くである。小規模なところほど、厳しい状況であることを解説する。

SQ4　水道管の敷設の歴史を振り返ってみると、どのようなことがわかるのだろうか。

水道管は高度成長期に整備されたものが多く、法定耐用年数が40年とされており、老朽化が進み、漏水も増えていることを解説する。しかし、水道管の更新も進んでいない状況を資料をもとに示す。

SQ5　このように収入も増えず、コストがかさむことが予測されるなかで、どのように考えていったらよいのだろうか。

自分が水道事業の経営者だとしたら、どのような解決策があるかを考えさせ、発表させる。料金の値上げ、事業の民間売却など、メリット、デメリットを考えさせる。

SQ6　新水道ビジョンはどのような提案をしているのだろうか。

2013年の新水道ビジョンの基本理念や実現方策について説明するとともに、そのなかでも広域連携やコンセッション方式などについて解説するとともに、先進事例を紹介する。あわせて、過疎地域での飲み水はペットボトルの宅配や給水車の利用などが想定されることについても付加する。

SQ7　その他の取り組みについても見てみよう。

例えば雨水ネットワーク会議などの提案を示し、その実行可能性などについて評価させる。あわせて水道事業の民営化について、民間に任せることの不安などについて意見を出してもらう。また、上水道を自治体が管理しているが、それが効率的かどうかについて資料をもとに議論させる。

【第6時】　MQ　海の秩序をどのようにつくるか、考えよう。

SQ1　2007年に海洋基本法ができたが、どのような経緯で作られたのだろうか。

1970年代半ばから国内でも海洋開発に関する政策が議論され始めたが、最も大きなきっかけは、1982年に国連海洋法条約が採択（1994年発効、1996年日本批准）されたことである。その国内法整備において、同法が構想されたといってよい。2006年に海洋基本法研究会（政治家、学識経験者など）ができるとともに、さまざまな提言が民間団体から出されたのち、2007年4月議員立法で、海洋基本法が成立したことを説明する。国連海洋法条約は、特に排他的経済水域制度を導入し、深海底とその資源は人類協働の遺産とするものであった。日本は、それまで海洋の総合的管理のための政策が不備であったことを説明する。

SQ2　海洋基本法の内容とはどのようなものだろうか。

2条から7条までの基本理念として、海洋の開発・利用と海洋環境の保全との調和、海洋の安全確保、海洋に関する科学的知見の充実、海洋産業の発展、海洋の総合的管理、海洋に関する国際協調がうたわれている。その理念に合わせて国家として取り組むべき基本政策が提案され、その実施体制として総合海洋政策本部が、内閣官房に、内閣府外局に海洋庁が、内閣府に総合海洋政策会議が設置されることになったことを説明する。

ＳＱ３　海洋基本計画の内容とはどのようなものだろうか。

海洋基本計画は、２００８年に作られ、２０１３年に更新されている。その重点としては、海洋産業の振興と創出、海洋の安全の確保、海洋調査の推進、海洋情報の一元化と公開、人材の育成と技術の強化、海洋に関する教育、海域の総合的管理と計画策定などがあげられていることを紹介する。

ＳＱ４　海洋や水に絡めて、皆さんが付け加えるべき基本政策があったら出してください。

カナダやオーストラリアの関連法や計画、国連のＳＤＧｓの目標などを参照しながら、海洋秩序を他国と協調して維持していく活動、国内の津波安全対策の充実、マリンスポーツの振興、養殖漁業の振興、安全保障対策の充実など、さまざまな観点から、海洋立国、水立国に関する提言を生徒たちに自由に考えさせ、発表させる。

ＳＱ５　水循環基本法や海洋基本法の類似点はどこだろうか。

基本法条文などに着目し、水とその周辺を扱っている共通性や「基本法」という名称の共通性のみならず、それまでさまざまな省庁が担っていた関連個別法を総合化するために、内閣府に実施機関が置かれるとともに、各省庁の縦割りの打破や、官邸政治の展開につながっていることも考えさせる。

【第7時】まとめ

第1時から第6時までの基礎内容などをまとめた資料を作成・配布し、確認する。また、ワークシートの活用も考慮する。

(2) 廃棄物と政策

❶ 単元名

「廃棄物と政策について考察しよう。」

❷ 実施学年・教科等

2年・総合的学習の時間

❸ 単元について

本単元は、高校における学習指導要領総合的学習の時間の目標・内容に準拠し、廃棄物とその課題解決を通して政治・政策リテラシーを習得することを意図している。

政策の背後にある制度については、廃棄物法制全体像を確認するとともに、個別政策としては容器リサイクル法の改正、水銀における水俣条約と関連国内法を中心に考えさせると同時に、ごみ問題からＮＩＭＢＹ問題へ拡張して政策議論を深める。

政策過程においては、実践的には魚の骨図などを活用し、政策代替案の導出プロセスを身につけさせるとともに、容器包装リサイクル法の改正を追うことで、政策形成が、問題解決で終わるというよりも新たな課題が明らかになり、またそれを解決していくことが問われるプロセスであることを理解させる。また、廃掃法の決定を細部にわたってみることにより、政策決定者の意図などについて学習し、それが政策内容につながっていることなどを認識させる。

4 単元の目標

・廃棄物政策についてより深く自主的に考察することができるとともに、廃掃法や容器包装リサイクル法改正等においてさまざまなアクターとその考え方を学習しながら、自分たちもそのような立場に置かれたなら、どういうことを考えていけばよいか、などについて積極的に考えることができる。（意欲・関心・態度）

・廃棄物法制の全体像を把握するとともに、小・中学校からの学習の延長としての廃掃法や容器包装リサイクル法のプロセスを追うことにより、政策過程に関する基礎知識について実感を持ってとらえることができる。また、水銀に関する水俣条約を通じて条約と国内法との関係についても認識するとともに、締約国の責務などについても理解することができ

る。（知識・理解）

・政策決定にどのような要因がかかわるかについて小・中学校の学習も踏まえ考えることができるとともに、魚の骨図から始まる政策分析を通じて意思決定の合理性を判断することができる。また、NIMBY問題に関しては、民主主義の基本原理、少数者への対応などを深く考察することができる。（思考・判断・表現）

・一連の授業において、廃棄物政策に関するデータや資料などを読み解いていくことができる。（技能）

5 指導計画（7時間構成）

第1時　小・中学校の復習をしてみよう。（1時間）
第2時　ごみを減らすにはどのようにしたらよいだろうか。（1時間）
第3時　ごみ焼却場の立地をめぐる問題とNIMBY問題について考えてみよう。（1時間）
第4時　「廃棄物の処理及び清掃に関する法律」（廃掃法）の決定過程を見てみよう。（1時間）
第5時　容器包装リサイクル法改正およびその後の決定過程について考えよう。（1時間）
第6時　水銀に関する水俣条約と関連国内法について考えよう。（1時間）
第7時　まとめ（1時間）

6 指導の概略

【第1時】 MQ 小・中学校の復習をしてみよう。

廃棄物法制の体系（廃掃法、資源有効利用促進法、循環社会形成推進基本法の内容と背景、問題点など）、容器包装リサイクル法、ごみ焼却場立地問題の合意形成の難しさ、広域立地の必要性などを確認する。以下の点についても付加する。

①循環型社会のイメージ図などを活用し、循環型社会の定義を再確認し、かつ循環型社会を形成する法体系図を活用し、法制全体を説明（環境基本法との関係を含む）する。

②平成28年（２０１６年）１月には廃掃法に基づき「廃棄物の減量その他その適正な処理に関する施策の総合的かつ計画的な推進を図るための基本的な方針」がつくられ、減量化目標、非常災害時に関する事項の追加が行われたことを資料に基づき説明する。

③身近なところで展開している廃棄物政策をまとめたものとして、一般廃棄物処理計画（廃掃法６条１項に基づく）があり、学校立地の自治体例で、どのようなことが書かれているかについても説明する。（最後に、第２時のために事前にごみを減らすにはどうしたらいいかを、宿題として考えてきてもらうことを伝える。）

【第2時】 MQ ごみを減らすにはどのようにしたらよいだろうか。

SQ1 魚の骨図を使いながら、原因分析を行おう。

魚の骨図の基本的ロジックを他の事例の分析図などを活用し説明したあとで、ワークシートのダイアグラムを配布し、ごみの減量を目標にして、現状の問題点を大骨、中骨、小骨など想定できるものを記述させる。そのうえで、比較的できている生徒に板書してもらいながら、要因を分類しながらまとめる。

SQ2　ごみ減量化の方針を設定しよう。

すべての原因への対策は難しいので、どの要因が問題形成に寄与しているかをグループで話し合い、発表してもらい、要因を解決するため二つ程度の重点方針を立てさせる。

SQ3　減量化のための政策代替案を出してみよう。

出された複数の方針をもとにして、政策代替案を話し合ってもらい、さまざまな案をまとめて、板書する。

SQ4　評価基準を考えてみよう。

政策代替案を評価するため、効率性、コスト、政策の実行可能性などの評価基準を設定してみる。意見が出ない場合、資料に基づき主たる評価基準を説明する。

SQ5　それぞれの政策代替案がもたらす結果を予測しながら、最終案を導出してみよう。

さまざまな政策代替案（現状維持を含む）を採用した場合の結果を評価基準ごとに評価し、比較し、比較的高いランクの政策代替案を発表してもらう。

SQ6　ある政策代替案を採用することによるデメリットについて考察してみよう。

決定した政策をさらに良くするために補完政策などを考えてみる。その場合のコストや選択した政策とのトレードオフは生じないかなどを検討し、政策複合（同時実施、継起的実施）で行くのか、単発で行くのか、などを決定する。

ＳＱ７　現在行われている政策と提案された政策を比較してみよう。

３Ｒにかかる法律策定、ごみ処理基本計画の策定等、ごみ減量化推進週間（ごみ減量・リサイクル推進週間）の設置、地方自治体、例えば東京都のＴＯＫＹＯ ＳＬＩＭの実施などと比較してみるとともに、経済的インセンティブ、罰金等の手段を加えた場合のメリット、デメリットについて再度考えさせ、最終的な選択を行う。

【第３時】　ＭＱ　ごみ焼却場の立地をめぐる問題とＮＩＭＢＹ問題について考えてみよう。

ＳＱ１　ＮＩＭＢＹ問題とは何だろうか。

ＮＩＭＢＹとは、Not In My Back Yardの頭文字をとったものであり、一般的には総論賛成各論反対の別名のようになっているが、この言葉自体が、ある施設の立地に反対していることを肯定的にとらえるか、否定的にとらえるかで、バイアスがかかることについて指摘する。あわせてＮＩＭＢＹについての学術的定義も複数紹介する。

おそらくごみを減量するためには、焼却場を必要とすることに多くの人が賛成したとしても、自分の家のそばに置きたくないということも否定できない事実であること、それをどう両立させられるかという点で、合意形成が難しいことを実感してもらう。

ＳＱ２　この問題に絡め、社会学では「受益圏」と「受苦圏」という用語が出てくるが、その意味とは何だろうか。

「受益圏」とは、政策によって利益を受ける対象の範囲をいい、「受苦圏」とは、政策によって苦痛を受ける対象の範囲を指す。この概念は実際において時間の展開とともに変わる場合があるとともに、客観的にその範囲を規定することは難しいことや対象によっては、受益性と受苦性の両者をもちうることも考慮する。政策は、受益を増し、受苦を減らすことを使命とするが、そう簡単ではないのが、NIMBY問題に象徴されているといってよい。ごみ焼却場の立地の場合、比較的薄い多数の利益と比較的強い少数の不利益の間で問題解決をしなければならない。また、ごみ焼却施設においては、行政が、反対者の矢面に立つことが多いが、その背後には、薄く、広い利益を享受できるサイレント・マジョリティがあったり、不利益の大きい、少数者は反対せず、その周辺の人々が強く反対することもあったりするように、展開は複雑であることを解説する。

SQ3　民主主義にとっての含意には、どのようなものがあるのだろうか。

民主主義の基本原理として、討論の後の多数決で決定するということ（多数決原理）があるが、少数者保護の原理も考えなければならないし、主観性を帯びる苦痛を金銭換算し、補てんできるかどうかという根本問題（補償的アプローチの妥当性問題）もある。

多数決については、いわゆる多数の横暴が出る可能性がある。といって、一人の反対ですべての事業がストップするとごみの山が積み重なり、衛生の問題などがクローズアップしてしまう。どうしたらよいのか、オープンエンドで議論してもらう。

SQ4　どのようなことに配慮して解決に向かう必要があるのだろうか。

以上の議論のなかで、比較的多数を占めた（これも多数の横暴といわれるかもしれないが）意見にはどのようなものがあるのだろうか。暴力で決着しない、話し合いで決める、しかし、一定の時間を区切るなど、プロセスに関する合意を形成することが重要なのか、これも正解がない形で意見を出させ、暫定的にまとめる。

SQ5　手続き的公正と結果における公正などについて考えよう。

手続きにおいて合意したとしても結果の公正は保障されるのだろうか。必ずしもそうはならない。したがって、受苦圏に対して利益を補てんする政策を打ち出すことになるが、補てんされたかどうかは、個人個人の受苦の程度に差があることから合意は難しいことなどを説明する。公正と人々の満足とは異なる考え方であるが、例えばごみ焼却場建設の反対者たちは、施設立地の不利益だけでなく、決定の不透明性、環境アセスメント制度自体の不十分さなどの問題が出されているのであり、合意形成過程の設計や政策分析の初歩的プロセスの知識を、行政・政治のみならず住民たちが持つことの重要性にも触れる。

SQ6　NIMBY問題の多様性についてどのように考えるのだろうか。

以前、保育所の建設は、ＮＩＭＢＹ問題として扱われてこなかったが、人々の価値観等の多様性のなかでそのような問題として扱われてきている。また、ＮＩＭＢＹ問題といっても原子力発電所の建設のように立地地域に電源交付金や雇用の場の提供が大きなメリットになるケースとそうでないケースもあること、基地の問題のように、国家の安全保障とかかわるケースとそうでないケースがあることなどについても認識を深め、どのようなケースが解決しやすいのか、解決が難しいのかについて自由に議論させる。

【第4時】 MQ 「廃棄物の処理及び清掃に関する法律」（廃掃法）の決定過程を見てみよう。

SQ1 小学校で学んだ同法の制定過程を見てみよう。

まず成立時期、廃掃法の内容を確認する。次いで以下のような制定過程を説明する。

昭和45年（1970年）12月3日に衆議院の社会労働委員会に付託され、同月7、8、9日に審議し最終日に採択され、本会議へ回り採択されている。なおその間の4、5日は、産業公害対策特別委員会などとの連合審査会が行われた。参議院には12月11日に回り、同日から翌日まで連合審査がなされ、16、17、18日と社会労働委員会の審議、最終日の採択、本会議採択となり成立した。

SQ2 この法律は、議員が提出したものだろうか、それとも内閣が提出したものだろうか。

内閣提出法案であることを確認する。内閣提出法案は、成案化するために、担当官庁による原案作成、関連官庁の調整を経るプロセスと与党との調整過程を経て出されていることを説明する。また、このケースでは、3条2項の一部「物の製造、加工にかかる製品が廃棄物となった場合」をプラスチック容器の問題が重要であることを認識していた厚生大臣が、「製品」の後に「容器等」を入れ、容器を念頭に置いた場合、その移動は「販売」がかかわるとして法律事務官が指摘して、「物の製造、加工、販売等にかかる製品、容器等が…」という形に変わったことを指摘し、さまざまなアクターが法律の案文にかかわることも付加する。

SQ3　その後、内閣提出法案は、どのように展開したのだろうか。

法案は社会労働委員会で実質的に議論され、論点として出されたのは、プラスチックを燃焼させた場合の有害物質の放出、土砂、がれきが産業廃棄物の定義にないこと、プラスチック容器問題や法律のタイトルの問題などが出され、この審議のなかから与野党共同案と野党単独案が出され、与野党共同案が採択され成立した。まずタイトルは、内閣提出法案では、「廃棄物処理法」であったものが、「廃棄物の処理及び清掃に関する法律」へ変更となり、法律の目的に関し、「この法律は、廃棄物を適正に処理すること等により、生活環境の保全及び公衆衛生の向上を図ることを目的とする」を「この法律は、廃棄物を適正に処理し、生活環境を清潔にすることにより、……」と変更された。また、一番大きいのは3条2項の事業者の責務において、「適正な処理が困難になることがないよう努めなければならない」という努力規定だったものが、「適正な処理が困難になることがないようにしなければならない」と義務規定になったことを解説する。

SQ4　その他関連法の修正、附帯決議がついているが、どのようなことが記述されているのだろうか。

官報の記述から、保健所法、建築基準法、土地収用法、厚生省設置法、通産省設置法などの一部改正につながったことについて資料をもとに説明する。あわせて附帯決議としては、「廃棄物の処理にあたってはこれを再生利用し、資源化することを重視し、必要な処理技術の研究開発について特段の努力をすること」、「産業廃棄物の処理は、事業者自らの責任で適正に行うべきものであり、その処理を安易に都道府県または市町村の行う処理事業に委ねることのないように運用すること」、「産業廃棄物の範囲を定める政令の制定にあたっては、その範囲を狭く限定することによって一般廃棄物の範囲を不当に拡大することのないよう留意すること」など9項目が掲げられていることを解説する。

SQ5　その後の過程にはどのようなものがあるのだろうか。

この法律を受けた政令の制定においては、破砕すべき産業廃棄物を燃焼させる温度はどのくらいか（既存施設で可能かどうか）など具体的な細目について詰めていくことになり、関係省庁との覚書の交換などが進み、実施への青写真が整っていったことを説明する。

SQ6　廃掃法の決定過程をワークシートにまとめてみよう。

今までの事実のエッセンスについて記述したワークシートを配り、決定過程に関する知識を確認するとともに、アクターの行動を含め自由に評価させる。

SQ7　廃掃法の原案（内閣提出法案）と比べて、制定された法のメリット、デメリットはどのようなものがあるのだろうか。

特に3条の事業者の責務を明示したことの意味や附帯決議の意味について考察させる。

ＳＱ８　廃掃法の変遷をみて、考えたことがあったら発表しよう。

廃掃法の変遷の資料を使い、変化の背景を発表させる。もしあまり意見が出なければ、特に１９９０年代以降、循環型社会の形成のための３Ｒ推進、不法投棄や産廃問題の社会問題化、温暖化対策、災害廃棄物対策に対する社会的要請などに応じて変化していったことについて説明する。（最後に、容器包装リサイクル法の改正問題を事前に周知し、調べておくことを伝える。アクセスすべきＵＲＬ等も伝達する。また、関係団体の要望についてはグループごとに割り振る。）

【第５時】　ＭＱ　容器包装リサイクル法改正およびその後の決定過程について考えよう。

ＳＱ１　２００６年に同法は改正されたが、その内容はどのようなものであったのだろうか。

（中学での学習も踏まえる）

生徒たちに宿題の結果を発表させる。内容については環境省のウェブサイトから「３Ｒ容器リサイクル法」にアクセスし、１９９５年の容器包装リサイクル法との違いについて認識できる比較表などを用い、生徒たちの意見を補足する。

ＳＱ２　２００６年の改正の背景にはどのようなものがあるのだろうか。

改正点を中心に、どうしてそのような改正が行われたのか、その理由について発表させる。

ＳＱ３　改正はどのように実施されているのだろうか。

２００６年６月に成立・公布されたが、実施時期に着目し、どういう項目が早期に実施されているのかを発表させるとともに、資料を用意しておく。２００６年12月施行、２００７年４

月施行、２００８年４月施行を追うことによって、法律ができたことと実施が同じでないことを十分理解させる。

ＳＱ４　改正法を再改定するにあたって、関係団体はどのような要望を出しているのだろうか。

ネット資料を活用し、例えば全国市長会、全国市議会議長会、全国町村会、全国町村議長会、全国びん商連合会、ＰＥＴボトルリサイクル推進協議会、ガラスびんリサイクル促進協議会、紙容器包装リサイクル推進協議会、日本プラスチック工業連盟、食品産業センター、全国都市清掃会議などが出している要望をグループごとに調べさせ、アクターごとに何が問題だと思っているのかを発表させる。

ＳＱ５　関係団体の要望先にはどのようなものがあるのだろうか。

全国都市清掃会議が出している要望先（インターネット資料）から、法律の決定権限を有しているアクターに集中していることを説明する。

ＳＱ６　２００６年の容器包装リサイクル法改正をどのように評価したらよいのだろうか。

２００６年の改正とその後の要望などを参照し、効果を含めて評価すべき点、依然として問題だという点などを出してもらうとともに、問題点がある場合、どのように条文を変えていくべきかを発表させるとともに、教師側でもディスカッションのための資料を用意し、適宜配布して議論を深めさせる。

ＳＱ７　容器包装リサイクル法の決定過程を見て、民主主義の観点からどのように評価したらよいのだろうか。

決定過程は開かれているのか、それぞれのアクターの行動は理解可能か、手続きは公正なものか、などについて自由に議論させる。

【第６時】　ＭＱ　水銀に関する水俣条約と関連国内法について考えよう。

ＳＱ１　水俣条約の内容とはどのようなものだろうか。

資料を用意し、目的（１条）は、水銀および水銀化合物の人為的な排出から人の健康および環境を保護すること、３条では、水銀の供給および水銀の貿易を削減するため、新規水銀鉱山開発の条約発効後の禁止、条約締約国への水銀輸出は、条約上認められた用途または一時保管に限定することなどが規定され、４条では、水銀を使用する電池、一般照明用蛍光ランプなどの製造・輸入・輸出を２０２０年までに禁止することが盛り込まれていることを解説する。条約発効は、50か国締結後90日目であることも付加する。

ＳＱ２　いつ、どこで条約が結ばれたのだろうか。

２０１３年水銀に関する水俣条約外交会議（水俣市、熊本市）で、採択。１３９か国の国・地域の政府関係者、国際機関、ＮＧＯなど１０００人以上が出席したことを解説する。

ＳＱ３　その経緯とはどのようなものだろうか。

２００１年にＵＮＥＰが地球規模の水銀汚染調査に取り組み、翌年に世界水銀アセスメントを公表し、水銀の排出源は多様で、世界を循環していること、途上国での使用が増加し、世界的な取り組みの必要性を訴えたことが条約締結のきっかけになっていることを、現状を示す図表などを使い説明する。あわせて水銀は毒性が強く特に胎児、乳児等の神経系に影響することについてわが国の水俣病の経験、被害状況を含め解説を付加する。

SQ4　水銀に関してわが国では、規制はなかったのだろうか。

水銀汚染物等に関しては廃掃法で規制され、1973年廃掃法の施行規則において有害重金属（水銀、カドミウム等）、有機性汚染物質（PCB等）などを含む有害な廃棄物に関する判定基準の設定を行っていた。熊本と新潟の水俣病を受けた水質汚濁防止法（1970年）で、公共用水域への排出が規制されていたことを説明する。

SQ5　わが国における水銀廃棄物はどのような状況にあるのだろうか。資料をもとに、水銀汚染物、廃金属水銀等などが、どの程度存在し、最終処分場や輸出に回っているのか、などについて説明する。

SQ6　国内関連法等は、どのように作られたのだろうか。

2014年3月に環境大臣から中央環境会議に対する諮問「水銀に関する水俣条約を踏まえた今後の水銀対策について」を受け同会議環境保健部会の水銀に関する水俣条約対応検討小委員会（新法制定）、大気・騒音振動部会の水銀大気排出対策小委員会（大気汚染防止法改正）、循環型社会部会の水銀廃棄物適正処理検討専門委員会（廃掃法施行令に基づく措置）で検討され、答申が出された。その後、行政内部で調整され、第１８９国会で法律案が決定されたことを解説する。

ＳＱ７　どのような内容の法律や対策が成立したのだろうか。

水銀汚染防止法（「水銀による環境の汚染の防止に関する法律案」）は、水俣条約の的確かつ円滑な実施を確保し、水銀による環境汚染を防止するため、水銀の掘採の禁止、水銀添加製品の製造規制、水銀の暫定的保管、特定製造工程における水銀等の使用禁止などを規定するものであり、大気汚染防止法の一部を改正する法律案は、水銀の大気への排出を規制するため、水銀排出施設に係る届け出制、水銀等に係る排出基準の遵守義務などの担保措置が規定されたことなどを説明する。

ＳＱ８　条約と国内法等の関係についてまとめてみよう。

ワークシートを使い、理念、目的、手段の関係を明確にするとともに、条約と国内関連法の関係についても確認すると同時に、この規制体系の問題点はないか、政策としてはほかにどのようなものが必要か、自由に議論させる。

【第7時】　まとめ

第1時から第6時までの基礎内容などをまとめた資料を作成・配布し、確認する。また、ワークシートの活用も考慮する。

（3）税と政策

1 単元名

「税と政策について考察しよう。」

2 実施学年・教科等

2年・総合的学習の時間

3 単元について

本単元は、高校学習指導要領総合的学習の時間の目標や内容に準拠し、税とその課題解決を通じて政策・政治リテラシーを習得することを意図している。

政策内容については、租税の基本原理を扱うとともに、２０１６・２０１７年度の税制改正大綱の主要提案および所得控除を扱う。

過程においては、一般的決定過程、税制の決定過程を見たうえで、売上税の決定過程について考察するとともに、選挙と税制について考察を深めている。

政策や過程に関わる態度形成に関しては、自分の問題として税を考えるために、所得控除の設計を主体的に考察させている。

4 単元の目標

・税について、主体的な意欲を持って取り組むことができる。その一環として自主的に所得控除のあり方を構想しようとする。（意欲・関心・態度）。
・税とは何か、税の基本原理についてさまざまな見解やその決定過程、選挙とのかかわりを十分理解できる。（知識・理解）
・税の提案とその効果について考えることができるとともに、選挙と税の関係を通じて、政治家や国民の思惑などを考えることができる。（思考・判断・表現）。
・税に関するデータなどを読み解いていくことができる。（技能）

5 指導計画（7時間構成）

第1時　税とは何だろうか。（1時間）
第2時　税の基本原理について考えよう。（1時間）
第3時　税はどのように決定されるのだろうか。（1時間）
第4時　選挙と税制について考えよう。（1時間）
第5時　２０１６・２０１７年度与党税制改正大綱に謳われている政策は、どのような内容でどのような効果を持っていると想定されているのだろうか。（1時間）
第6時　所得控除をみんなで考えよう。（1時間）

第7時　まとめ（1時間）

6 指導の概略

【第1時】 MQ　税とは何だろうか。

小・中学校での税学習、すなわち税金とは何か、税の種類、税金と私たちの生活との関係、税の必要性、租税原則とは何か、税金の使途の例、税制の展開、税収の推移、税に対する国民の意識、税を決める人々と国民主権、さまざまな税法、条例と効果、国債依存度と政策拘束性などについて確認の問いかけを行いながら復習する。そのあとで、以下の問いを行う。

SQ1　わが国の税制はどのように変わってきたのだろうか。

戦前は間接税中心主義、戦後シャウプ勧告の直接税中心主義、1953年以降のシャウプ勧告の修正期、1987年以降の抜本的改革期、1989年消費税の導入から今日までを簡潔に説明する。

SQ2　所得課税（個人、法人）、消費課税、資産課税とはどのようなものだろうか。

それぞれの税の特質を資料をもとに説明する。

SQ3　納税者と国民の異同について考えよう。

国民の定義と納税者の定義を比較し、両者がどのように異なっているのかを考えさせる。

【第2時】 MQ　税の基本原理について考えよう。

SQ1　『フランス人権宣言』には税に関して何が書かれているだろうか。

13条では、「公の武力の維持及び行政の支出のため、共同の租税は不可欠である。共同の租税は、すべての市民の間でその能力に応じて平等に分担されなければならない」とし、14条で「租税の必要性を確認し、……その使途を追跡」する権利を規定していることを説明する。

SQ2　租税の原理について考えてみよう。

租税の根拠となる議論には、租税を国民が国家から受領する利益・サービスへの対価とみる利益説（社会契約説的国家観との関係性）、国家の課税権から、国民の納税義務にかかる義務説（ドイツにおける義務としての租税観との関係性）が唱えられることが多いが、それらを止揚する形で、国家・社会の維持のため必要な経費を国民が負担能力等に応じて支払う会費とみる会費説も主張されていることを解説し、生徒たちにどの考え方が自分に近いかを考えさせ、意見を発表させる。

SQ3　税の公平、中立、簡素が意味するところは何だろうか。

税の公平には、水平的中立や垂直的公平以外に世代間の公平などもかかわっていること、中立は個人・企業の経済活動への中立性が想定されているが、現実には経済成長などの目的を包含することにより、中立性が維持されないことも多いことを説明するとともに、税にさまざまな目的が入ることにより簡素化の実現も簡単ではなく、国民の理解が行き届かない問題も生じていることを具体的に解説する。

SQ4　申告納税制度と民主主義の関係について考えよう。
税額確定には、申告納税方式と賦課課税方式がある。前者は所得税、法人税等に適用される。後者は地方税における法人の道府県民税、市町村民税、個人の固定資産税等に適用される。前者の方式は国民自ら税額を決定するという意味で、国民による自発的秩序形成にかかる民主主義と親和性が高いことを説明する。
SQ5　国民の税に対する意識はどのようなものだろうか。
国民意識調査などを活用し、「日本人は、納税し、国家を成り立たせている意識があまり強くない。」ことなどを解説する。
SQ6　国民の税意識を高めるためにはどのようにしたらよいのだろうか。
税の使われ方の情報がいきわたっていること、どのような利益とコストの分配になっているか透明度を増すことにより、自発的協力が高まることなどについて考えさせる。

【第3時】　MQ　税はどのように決定されるのだろうか。

SQ1　税の決定過程の特徴とは何だろうか。
戦後のわが国の決定過程を振り返るとともに、近年では執政部分や官邸政治のウェイトが高まってきていることなどを簡潔に説明するとともに、税制という政策特性は、他の個別政策に比べ、収入と支出の両面性がある領域であることをわかりやすく解説する。
SQ2　一般的な税の決定過程とはどのようなものだろうか。

各年の税制改正大綱をめぐり、どのようなスケジュールで、アクター（政治家、官僚、業界、政府税調、党税調など）が動き、どう集約されていくのかを資料をもとに説明する。

SQ3　『税制改革をめぐる政治力学』を読んで、税の政策過程を分析しよう。

売上税の導入に関し、前史をおさえたうえで、決定過程にどのようなアクターが登場したのか、その論点はどのようなものか、原案はどのようなものか、賛成側、反対側の行動はどのようなものか、どのように決着したのか、など、資料をもとに説明する。

SQ4　税の決定過程をどのように評価したらよいのだろうか。

売上税を含む税の決定過程をどのように評価したらよいかについて、手続きの公正や公平などの基準について考えさせながら、国民全員が参加できない状況において、どういう配慮が必要なのか、またマクロな視点とミクロな視点を入れることで、総論賛成、各論反対の意見が出ることなど、現実の意思決定についても実行可能性を含め考えさせ、意見を発表させる。

SQ5　評価のための情報提供は十分だろうか。

民主主義の基礎として、国民への情報提供が重要であること、国会や関連委員会の議論、政府税調の審議の過程は、一定程度オープンになっているが、そのほかの情報がなかなか得られない。また、税情報は膨大であるので、学者、シンクタンクやマスメディアによる分析および国民への情報提供が重要であることおよび税の使途を監視・追跡する国民の権利についても言及する。

【第4時】 MQ　選挙と税制について考えよう。

SQ1　これまでの税の歴史を振り返ってみよう。
家計や企業への負担は時系列的にどのように推移してきたのかを資料をもとに説明する。特に所得税、法人税の最高税率の変遷、消費税率の変化を時系列的に分析する。一般の印象としては消費税を中心とした増税傾向が顕著であろうが、実は控除を含めかなりの減税が進行してきたことなどを説明する。

SQ2　これまでの税に関する公約と選挙結果を追ってみよう。
大平政権以降の衆議院・参議院選挙において税にかかる公約や増税の実施が選挙結果にどのような影響を与えたのか、また選挙結果から政権がどのような影響を受けたのかを考えさせる。特に大平政権、宇野政権、橋本政権、野田政権などに絞り、両者の関係を見ていく。また、他国の状況についても議論を敷衍する。

SQ3　選挙における政党（政治家）、国民の思惑はどのようなものだろうか。
前問を通じて一般的に国民は、負担が増えることを避け、サービスが向上することを期待し、かつ将来世代の負担を考えるよりも目前の利益を追求しようとする。また、政党は選挙に勝利するため、国民受けする政策を提示する傾向を有することを説明するとともに、北欧諸国のように政治を信頼し、高負担を「進んで」受容している国もあることについて説明する。したがって国民が使途に関心を持ち、政府を監視し、それなりの機能を果たしているという評価が浸透していくことが中福祉中負担、高福祉高負担社会の実現に重要であることを解説する。

SQ4　2016年の参議院選挙における各党の税に関する公約を比較してみよう。

インターネット資料などを活用し、各党の違いをまとめるとともに、その理由を考えさせる。

SQ5　2017年の総選挙における消費税の使途に対して、各党はどのようなスタンスをとったのだろうか。また、それはなぜだろうか。

２０１７年の衆議院議員選挙は、消費税の使途が争点の一つとして掲げられたが、中学校で扱った税と社会保障の一体改革議論および消費税の使い道の議論を絡め、提案内容を明らかにするとともに、その他の政党がそれに対してどのようなスタンスを採ったのか、またその理由はどのようなものであったのかについて資料をもとに考えさせる。また、生徒一人ひとりの意見を発表させる。

【第5時】 MQ　2016・2017年度与党税制改正大綱に謳われている政策は、どのような内容でどのような効果を持っていると想定されているのだろうか。

SQ1　耕作放棄地所有への増税はどうだろうか。（2016年度）
農地の集中化のために、農家が耕作放棄地を農地中間管理機構に貸し付けた場合、固定資産税の課税標準が半分になるという制度であることを資料をもとに説明する。効果としては、２０１７年１月１日現在12件にとどまり、耕作放棄地の実情が十分把握されていないことが原因とみられていることを説明する。

SQ2　森林環境税の導入はどうだろうか。(2016年度で提起)(2017年度で決定)

CO_2を吸収する森林整備を図るもので、個人住民税の均等割りに一人当たり1000円程度の新税を上乗せする。徴収した税は特別会計に入れ森林面積に応じて市町村へ分配すること、配分された自治体は、間伐、林業人材育成などに使われることが期待されることを資料をもとに解説する。2024年度実施予定であるが、中学校の税学習でも見た神奈川県の水源環境税と重複し、横浜市はさらに同種の税を課しており、この辺の調整も重要となることが予測されることを解説する。

SQ3　税逃れ防止対策の強化はどうだろうか。(2016年度)

現状は相続人と被相続人が海外に5年を超えて住んでいれば、海外資産に日本の相続税がかからないという海外移住に伴う相続税制度の5年ルールを10年ルールに見直すものである。あわせてパナマ文書の流失なども受けて、企業課税に対して国際協調しながら取り組む動きが加速してきていることも解説する。

SQ4　国際観光旅客税(出国税)はどうだろうか。(2017年度)

最初は「観光促進税」という名称であったが、日本人、外国人を問わず、日本出発の航空料金に一人一回1000円を徴収するものであること、2歳未満の子供、海外から到着し24時間以内に乗り継ぐ客は対象外であること、徴収した税金は観光関連施策に使われることなどを説明する。あわせて海外の同様の税についても紹介する。

SQ5　2017年度の税制改正大綱における所得控除の改正とはどのようなものだろうか。
所得税控除の見直しの概要について資料をもとに説明し、第6時の議論の参考とする。

【第6時】　MQ　所得控除をみんなで考えよう。

SQ1　所得控除とは何だろうか。
所得税の控除を意味し、その種類として基礎控除、配偶者控除、扶養控除、障害者控除、寡婦控除、寡夫控除、社会保険料控除、生命保険料控除、地震保険料控除、医療費控除などがあることを説明する。あわせて税額控除の違いについてもわかりやすく説明する。

SQ2　この控除はどのような目的で作られたのだろうか。
基礎控除は、憲法25条の生存権からの要請であり、障害者控除等は、福祉目的からの要請であり、社会保険料控除は、社会保険の強制性から必要と認められたものであり、生命保険料控除や医療費控除は、個人のリスクの予測、リスク自体への対応というものであり、控除を考えることは、まさに「配慮の政治学」とでもいえるものとなっていることを説明する。

SQ3　租税の原理からはどのように評価されるべきなのだろうか。
給与所得控除は、簡素の原理からはわかりづらい面もあるが、公平性においては、自営業などに認められる必要経費をサラリーマンに認めるものであり、一定の公平性が認められる。また健常者と障がい者、リスクを負った人とそうでない人の公平性を確保するものにもなっている。中立性については、富裕層にやや優遇が及んでいると想定されていることから、2018

年度税制改正では年収８５０万円以上の層で負担が増大すると見込まれることなどを説明する。

ＳＱ４　歴史的に基礎控除はどのように推移しているのだろうか。また、２０１８年度税制改正では基礎控除を拡大する意味はどのようなものだろうか。

１９６５年の基礎控除は12万７５００円、これが最低生活費とされ、健康体を維持するための食費からエンゲル係数で除して求めたものであった。現在は38万円、約3倍になったものの、物価上昇を考えると低めに設定されていることを解説する。２０１８年度税制改正による基礎控除の拡大は、すべての人に認められるもので、フリーランサーの人、請負で仕事をしている人も含めて評価されるが、額的に十分か、など議論があることを説明する。

ＳＱ５　２０１８年度の税制改正での提案内容はどのようなもので、どのような効果を狙ったものといえるのだろうか。

２０１８年度税制改正での給与所得控除の特定層における一定の削減（累進課税の強化）と基礎控除の拡大について解説するとともに、働き方の多様化に合わせた公平性や最低生活費を想定した基礎控除の上乗せによる生存権理念への接近などを含めてその効果について解説する。

ＳＱ６　国民全体の所得控除はどのように作ればよいのだろうか。みんなで考えよう。

資料をもとに、職業別、所得別にどのような控除を考えればよいのか、他国との比較も交えながらグループごとに考えさせ、発表させる。また、ワークシートを渡して、自分たちの提案のメリット、デメリットについても記入させる。あわせて国民のそれぞれに事情に配慮するのはどの辺までが適当なのか、機会の平等と結果の平等などの議論を含めて考えさせる。

【第7時】まとめ

第1時から第6時までの基礎内容などをまとめた資料を作成・配布し、確認する。また、ワークシートの活用も考慮する。

第5章　政策教育の意義と課題

1　政策教育の意義

ここでは、政策教育自体の意義とここで展開したカリキュラムの意義について論じる。

(1)　政策教育は、新たな政治教育の地平を切り開いている

政策教育は、その目的および内容ともに、教育の憲法といわれる教育基本法をベースとしており、これにより政治教育の特別なポジションを明確化することができるといえよう。また、従来の社会科が社会形成や社会認識を中心としていたのに対し、国家・社会形成の視点が明確化され、「政府と公民」のバランスが図られている。

さらに、これまで制度学習中心であった政治教育に新たな内的枠組みを導入することにより、政治の構造、作動、成果を十分に理解させることができ、理想と現実のバランスがとれた政策的・政治的リテラシーの向上に格段に寄与している。

（2） 政策教育は、民主主義の重視に傾いていた社会科教育からの脱却を図っている

これまでの社会科教育は民主主義の育成を旗印としていたが、基本的にそれは国内への問いかけがベースであり、教育基本法の目的としての「平和で民主的な国家及び社会の形成者」の育成や「政治的教養」の尊重が要請していることの一部にすぎない。それに対して、政策教育は、国家の機能や平和とは何かを問うことに絡めて、国際社会と国内社会の違いや国家の役割への理解を高めることなどを可能としている。もちろん、カリキュラムを熟読してもらった読者には肯定してもらえると思うが、カリキュラムにおける民主主義に関する問いの質および量は増大していることも断っておかなければならない。

（3） 政策教育は、これまでの社会科の改善の流れを体現するものとなっている

２００８年1月の中教審答申において「社会科、地理歴史科、公民科の改善の基本方針及び具体的な改善事項」として「社会的事象に関する基礎的・基本的な知識、概念や技能を確実に習得させ、それらを活用する力や課題を探求する力を育成する」ことや「持続可能な社会の実現を目指すなど、公共的な事柄に自ら参画していく資質や能力を育成することを重視する方向で改善を図る」（平成20年1月17日中央教育審議会「幼稚園、小学校、中学校、高等学校及び特別支援学校の学習指導要領等の改善について」（答申））と記述されている。本書で提案した政策教育は、政策を通じて参加しようとする公民の資質・能力の向上に寄与しようとしており、まさにこの

答申の趣旨に沿ったものということができる(19)。

また、学校教育の理念として提示されてきた「生きる力」の育成においても政策教育は一定程度貢献できる内容となっている。政策を英語でいうと「ポリシー」であるが、この用語は個人の行動方針としても使われる。政策を他者とともに構想し、多様に評価することを通じて、理想と現実の葛藤に直面し、思考力や判断力を磨きながら、選択肢を見出していくという経験は、個々人の生き方にも応用可能な準拠枠組みを形成するものといってよい。

(4) 事例カリキュラムは、さまざまな教育プロジェクトを統合する枠組みを提供している

事例カリキュラムは、児童・生徒に身近な事例を設定することで、政策や政治への親近性を高めているとともに、教師においても授業づくりのイメージを形成しやすく、結果として授業開発を比較的自由に行えるものとなっている。また、租税教育を含め防災教育、安全教育、消費者教育、モビリティ学習、金融教育など学校現場では、さまざまな教育や教育プロジェクトが持ち込まれ、教師の多忙さを増しているが、政策教育は、事例カリキュラムを通じてそれらの教育を取り込んだり、集約したりすることができるものとなっている。

（5）政策教育は、グローバル人材のみならず、国家、地域社会で活躍する有為な人材の育成に役立つ

近年国際競争の厳しさのなかで、グローバル人材の育成が叫ばれ、英語教育の充実などに向かっている印象があるが、国際社会で理念や目標、その実現方法などを説得力をもって語れる人こそがグローバル人材なのではないだろうか。

政策教育は、他の関連教科とともに、「深い学び」を通じて思考力、判断力、表現力を培い、グローバル人材だけでなく国家社会や地域社会で活躍する人材を育成できる内容と方法を備えている。

（6）政策教育は、政治家・公務員教育の基礎を提供している

どのような国家においてもリーダーとフォロワーの分化や民主主義の限界があるなかで、リーダーを育成する視点は重要である。公務員を政治社会のリーダーと位置づけられない部分もあるが、相対的にかなりの時間をかけて政策決定の現場にかかわっているという客観的事実を考えれば、政治社会におけるリーダーと位置づけることは可能であろう。

政策教育は、特別職、一般職を問わず公務員が最も政策づくりに近接し、職業としてかかわる点に着目し、キャリア教育の視点を含め、政策づくりの基礎・基本、政治家・公務員の置かれている状況への理解を高め、公民的資質育成の一環として政治家や公務員の資質形成に寄与

できるものとなっている。

(7) カリキュラム構成の意義

❶ 学校ごとの年間授業計画作成に役立つものとなっている

カリキュラム形成の主体は各学校、各教師にあるが、政策教育カリキュラムの全体構図を示したことで、各学校種での学びの関連性、体系性が確保され、年間授業計画の作成に役立つものとなっている。また、事例カリキュラムは、総合的学習の時間に設定したため生徒観や教材観を反映し、授業時間を7時間単位から10時間単位に変更することなども可能であり、比較的自由に時間設定できるメリットを有している。

❷ 基礎・基本の理解を二重に確保している

政策教育の基礎カリキュラムにおける小中高の連続性、重要概念等の反復性を担保することにより、基礎・基本が強化されていると同時に、基礎カリキュラムと事例カリキュラムとの往復により、概念、理論、一般的知識の定着が図られ、その結果学習効果が高まることが想定される。また、基礎カリキュラムでは、国家・地域・国際レベルのバランスのとれた授業内容を各学校種で展開しているので、どのレベルにおいても対応できる知識や態度の形成が可能となっている。(20)

3 オープンエンドな質問を多用することにより、探求的活動を促進している

政策教育カリキュラムは、主発問（ＭＱ）と補助発問（ＳＱ）において単に概念の記憶を問うのではなく、概念間の関係、事象間の関係などを問うことを通じて思考力を深めるとともに、児童・生徒の自発的・自立的な発問を触発・涵養している。

4 アクティブ・ラーニングの工夫により、より実践的な知識理解、思考力、判断力、表現力の育成が可能となっている

政策教育カリキュラムの実施方法は、教師による教授が中心であるが、小学校では、地域レベルにおいて、中学校、高校では、全レベルにおいて児童・生徒参加型授業の時間を設定し、アクティブ・ラーニングの機会を設けることにより、政策づくりなどの児童・生徒の主体的な学習を促進できるものとなっている。

2 政策教育の課題

(1) 理論上の課題

1章で示した大概念（Big Ideas）を永続的理解事項（Enduring Understandings）や関連語彙群(21)に拡張し、問いと知識の構造を明らかにすることや従来の政治教育のロジックとの対比を行っ

ていくことは政策教育の今後の発展にとって重要である。

(2) 触発的問いの工夫

児童・生徒の関心・意欲を掻き立てるとともに、深い思考を実現するために、さらなる問いの工夫などが必要とされる。その一環として概念砕きと関連する新たな問いの考案[22]などを行っていくことが必要である。

(3) 政策教育の実施に向けた課題

本書で提示したカリキュラムは、実施レベルの前段階のものであり、教材を含めた資料の充実やＩＣＴの活用など検討すべきことは数多いが、以下、実施上のポイントを簡潔に示し、本書を終える。

1 教師の役割の明確化

ドイツのボイテルスバッハ宣言、わが国の政治的中立性に関する議論などを受け、小中高を通じた教科担任制の導入やファシリテーター、モデレーターとしての教師像の確立など、政策教育に臨む教師の資質・能力を明らかにする必要がある。

2 教科「政策・政治科」（仮称）もしくは科目「政策・政治」（仮称）の設定可能性についての検討と展開

新たな教科化等のためにはパイロットスタディ（研究協力校での実施カリキュラムの作成と実施・評価）の実施、学習指導要領の検討、教科書（資料集、副読本の整備を含む）の内容構築、従来の政治教育からの移行プランの作成などが重要となる。また、実施教員の協力の下、教材を含む実施カリキュラム・モデル案の構築も必要となろう。あわせて教育方法の洗練化、総括的・形成的評価のための資料づくりも重要である。

さらに、大学（教育関連学部）のコア・カリキュラムづくり、教員研修の整備体制、icivics のようなデータ・資料提供機関の設置（例えば政策教育センターなど）、評価システムの構築および入試問題の改善などについても検討する必要がある。

その他、応用能力を重視した成人教育向けの資料（基礎・応用編）や政治家・公務員用の政策教育モデル案の作成も問われることになろう。

おわりに

筆者は、千葉大学着任時「政治教育論」という科目を持たされた。それまで在籍した大学、大学院にはない科目であり、当初は国際理解教育や環境教育を絡めた展開を模索し、そののちディベート教育の理論と実践を10年近く手掛けてきたが、なんとなく違和感を覚え続けていた。その後、「社会科・公民教育論」を担当し、教育学部にふさわしい政治教育とは何か、を本格的に考えるようになり、合意形成学習や政策中心学習などの検討を重ね、最近になってやっと政策教育という形で政治教育を構想できるようになった。着任時から数えて30年余である。長かったが、退職前にその成果を世に問うことができたのは、望外の幸運であった。ここにおいて筆者はまさに「政治教育論」の入り口に立てた感じがする。時間がかかったのは、筆者の怠惰もあるが、社会科教育学、カリキュラム論などへの新たな挑戦や政治学の奥深さが関係していたように思う。

これまでのわが国の政治教育では、人類が苦悩した経験などから生み出した知恵などが継承されていないことは明らかである。戦後70年余を経て遅きに失した感があるが、本書が政治教育の再出発に役立つことを願っている。また、わが国は目下グローバル化の波に翻弄されている部分があるが、漂流しないためにも、自律した国家、国民が欠かせない。本書が、その一助となることを期待している。

あわせて本書において提示したカリキュラムを実行カリキュラムに転換していくには教師の皆さんの熱意と協力が欠かせない。わが国の教師の多忙感は周知のことであるが、教師が勝負するところは、今も昔も「学び」にあるはずである。学校、教師の皆さんの主体的な授業づくりに本書が少しでも貢献できることを念じている。

最後に、本書を刊行するに当たり、芦書房の中山元春社長にはいろいろとお世話になった。同氏の的確なスケジュール管理と作業がなければ、本書は刊行できなかったであろう。ここに厚く謝意を表したい。

平成30年2月　寓居にて

磯崎育男

【注】

（1）「現代社会」は今回の学習指導要領改訂（平成30年3月予定）により、「公共」に衣替えする予定である。

（2）あえて政策教育という用語を用いないでもいいのではという意見もあろうが、制度にのみとらわれず政治教育を展開するうえで、「政策」という用語をここでは象徴的・実践的意味合いを込めて使用することにする。

（3）ただし、紙幅の関係で児童・生徒に得させたい知識等の提示はカリキュラムのうち事例カリキュラムのみに限定されていることを断っておきたい。全体については『政策教育の提唱』（仮題）（近刊）を参照されたい。

（4）政治教育のカリキュラムといっても、さまざまな授業案や教授書がそのモジュールとして重要であるが、ここでは紹介する余地がないことも付け加えておきたい。また、政治学からの政治教育へのアプローチとして政治的社会化研究があげられるが、その業績についても割愛する。

（5）この研究を含む谷本の研究は、「政治教育のカリキュラムや授業そのものを研究対象として取り上げるいわば狭い意味での教科教育学的研究」の「端緒」と位置づけられている（全国社会科教育学会　２００１：３０１）。

（6）シティズンシップ教育を主権者教育ととらえる見方も社会科教育のなかで優勢であり、両者の教育の包摂関係には曖昧さが残らざるを得ない。

（7）このことに関連して、クリックの政治の見方としての「現実主義と理想主義」、参照。（クリック　2003：25～27）。

（8）文部科学省・教育基本法資料室のデータによれば、「良識ある公民」とは、「十分な知識を持ち、健全な批判力を備えた」公民で、公民とは、「積極的に政治的関係に入る場合の国民」である。http//:www.mext.go.jp/b_menu/kihon/about/004/a004_08.htm（平成30年1月8日最終アクセス）

（9）この「公務員性」については、小学校6年の社会科教科書で登場する子どもたちの会話内容を含め、公務員への期待の表明などが実際に行われているのであり、ここで取り上げる斬新さはないが、政策教育ではそれを意識した授業展開を行おうとしている。

（10）ここで問われる政策知識等は、ラスウェルの「inの知識」（政策決定に投入される知識）と「ofの知識」（政策決定に関する知識）だけでなく、いわゆる実践的知識、他者への共感性、他者との合意可能性など、さまざまな要素が関わる。

（11）このレベルの区分は一般的なものである。例えば、佐長、西村の業績を参照されたい。

（12）その他、時事問題学習をベースに展開するアプローチやこれまでも高校の「政治・経済」で扱ってきた環境問題、労働問題、社会福祉問題などを取り上げて展開するアプローチもあろう。

（13）ロジック・モデルについては、例えばW. K. Kellogg Foundation (2004). 参照。

（14）教科「政策・政治科」（仮称）は、公民科を公民基礎（社会・経済）と公民応用とし、後者に位置づけるか、もしくは独立した教科の設定も可能なものとして構想している。なお、暫定的にしろ教科名を「政策」ではなく「政策・政治」としたのは政策性は政治の一面にすぎず、問題解決の技術であるというイメージが強まることを恐れたためである。

(15) ここでは紙幅の関係で単元を大単元のみ示し、中単元、小単元に分割しない形で記述している。
(16) 近くに活用可能な河川や親水公園などがないことも想定されるので、そのような施設等がある地域の地図を資料として渡したり、校内のビオトープづくりについて議論させたりすることも考えなければならない。
(17) 事前に「蜂の巣城闘争」に関するビデオ視聴などを取り入れたほうがさまざまな意見が出される可能性が高い。
(18) 石崎涼子　２０１０：59～60。
(19) 平成28年12月の同答申でも、同様の方向が模索されているとともに、平成29年の小学校学習指導要領解説社会編（平成29年６月）では第６学年の内容において「政策の内容や計画から実施までの過程、法令や予算との関わりなどに着目して、国や地方公共団体の政治の取組を捉え、国民生活における政治の働きを考え、表現すること」と記述した意義は大きい。
(20) 今回、基礎カリキュラムでは問いのみを示し、児童・生徒に得させたい知識を紙幅の関係で展開できなかったが、これまでの教科書や指導書にない問いが、教師の方々の参考となることを期待している。
(21) 関連語彙群の中高における事例としては、磯崎　２０１６、参照。
(22) 触発的問いの例として、小学校の基礎カリキュラムにおいて地域レベル、国家レベル、国際レベルの３例を提示した磯崎　２０１５、参照。

【主要引用・参考文献】

（邦語文献）


秋吉貴雄／伊藤修一郎／北山俊哉『公共政策学の基礎』有斐閣、２０１０年。

足立幸男『公共政策学入門』有斐閣、１９９４年。

――編著『政策学的思考とは何か』勁草書房、２００５年。

安彦忠彦編『新版　カリキュラム研究入門』勁草書房、１９９９年。

阿部孝夫『政策形成と地域経営』学陽書房、１９９８年。

石弘光『タックスよ、こんにちは！』日本評論社、２００６年。

石崎涼子「水源林保全における費用分担の系譜から見た森林環境税」『水利科学』３１６号、２０１０年、46～65ページ。

磯崎育男『政策過程の理論と実際』芦書房、１９９７年。

――「小中高における政策教育課程に関する一考察――『水と政策』を事例として」『千葉大学教育学部研究紀要』62巻、２０１４年、３３７～３４３ページ。

――「政策教育の基礎カリキュラムについて考える」同63巻、２０１５年、３３９～３５０ページ。

――「中高における政策教育基礎カリキュラムの構想」同64巻、２０１６年、３３９～３４７ページ。

――「廃棄物と政策」同65巻、２０１７年、３１３～３２６ページ。

岩田一彦『社会科固有の授業理論』明治図書、２００１年。

内田健三／金指正雄／福岡政行編『税制改革をめぐる政治力学』中央公論社、１９８８年。

江澤和雄「学校教育と『法教育』」『レファレンス』2005年10月号、91～107ページ。

太田猛彦ほか編『水の事典』朝倉書店、2004年。

大谷博愛／磯崎育男『ハンドブック　政策の国際比較』芦書房、2000年。

大津尚志「英仏独日の教育課程基準と教科書に関する研究」『武庫川女子大学大学院教育学研究論集』4号、2009年、1～8ページ。

大友秀明「ドイツ基礎学校における『政治的・社会的学習』の基本理念」『公民教育研究』10巻、2002年、19～34ページ。

――『現代ドイツ政治・社会学習論』東信堂、2005年。

大平惇『容器リサイクル法制定と見直しの実録』日報出版、2010年。

岡村忠生／渡辺徹也／高橋祐介『ベーシック税法』有斐閣、2006年。

尾原康光『自由主義社会科教育論』溪水社、2009年。

金田耕一「リベラル・シチズンシップ教育の展望」『社会科教育研究　別冊　2000年度研究年報』、2001年、30～39ページ。

唐木清志『子供の社会参加と社会科教育―日本型サービス・ラーニングの構想―』東洋館出版社、2008年。

――／西村公孝／藤原孝章『社会参画と社会科教育』学文社、2010年。

――／藤井聡編著『モビリティ・マネジメント教育』東洋館出版、2011年。

河田敦之「合理的意思決定能力育成の社会科内容構成―J・P・シェーバーの公的論争問題学習を手がかりとして―」『社会科研究』30号、1982年、84～94ページ。

菊池英弘「バーゼル条約締結に至る政策形成過程に関する考察」『長崎大学総合環境研究』13巻2号、

2011年、1~12ページ。

北村喜宣『環境法』有斐閣、2015年。

工藤文三「中等教育の改革動向と社会系教科のアイデンティティ」『社会科教育研究』81号、1999年、37~41ページ。

クリック、B・(添谷育志/金田耕一訳)『現代政治学入門』講談社、2003年。

――(添谷育志/金田耕一訳)『デモクラシー』岩波書店、2004年。

――(関口正司監訳)『シチズンシップ教育論　政治哲学と市民』法政大学出版局、2011年。

栗原久編著『入門社会・地歴・公民科教育』梓出版社、2014年。

桑原敏典「小・中・高一貫の公民カリキュラム構成の研究―「We the People」シリーズを手がかりにして―」全国社会科教育学会第47回研究大会(広島大学)自由研究発表資料、1998年。

――「アメリカ中等社会科における政治学習の動向―『公共政策審議』過程を取り入れた政治学習―」全国社会科教育学会第49回研究大会(長崎大学)、自由研究発表資料、2000年。

――「アメリカ社会科における公民教育の改善に関する研究(I)―政策選択過程を取り入れた政治学習教材―」『岡山大学研究集録』116号、2001年a。

――「憲法学習を中心とした公民教育改善の試み―アメリカ高校用教材『We the People』を手がかりとして―」『公民教育研究』8号、2001年b、1~15ページ。

――「社会科学科としての政治学習の再評価―行動科学的政治学に基づく教材を手がかりとして―」『社会科研究』60巻、2004年a、21~30ページ。

――『中等公民的教科目内容編成の研究』風間書房、2004年b。

――「合理的な思想形成を目指した社会科授業構成」『社会科研究』64号、2006年、41~50

ページ。

児玉康弘「世界史における政策批判学習批判」『社会科研究』46号、1999年a、21～30ページ。

――「中等歴史教育における政策批判学習」『広島大学研究紀要』45号、1999年b、1～12ページ。

――「中等歴史教育における『政策批判学習』の課題と意義」『日本教科教育学会誌』25号、2002年、31～40ページ。

――『中等歴史教育内容開発研究』風間書房、2005年。

小西正雄『「提案する社会科」の授業2』明治図書、1994年。

高元厚憲『高校生と政治教育』同成社、2004年。

国立教育研究所『社会科カリキュラムの改善に関する研究』1997年。

――『イギリスの中等教育改善に関する調査研究』2005年。

近藤孝弘『ドイツの政治教育』岩波書店、2005年。

――「ヨーロッパ統合のなかのドイツ政治教育」『南山大学ヨーロッパ研究センター報』13号、2007年、113～124ページ。

阪上順夫『社会科における政治教育の研究』明治図書、1975年。

――「公民教育課程の日米比較研究：「CIVITAS」を中心として」『東京学芸大学紀要』3部門44号、1993年、189～200ページ。

――『現代における政治教育の研究』第一学習社、2000年。

佐長健司「議論による社会的問題解決の学習」『社会系教科教育学研究』13号、2001年、1～8ページ。

――――「一般的な社会科授業構成の原理と課題」星野平和監修／原田智仁編著『社会科教育へのアプローチ』現代教育社、２００２年ａ、64～69ページ。

――――「教師による社会科カリキュラム開発の実際的方法」『社会科教育研究』87号、２００２年ｂ、75～86ページ。

シチズンシップ研究会編『シチズンシップ教育学』晃洋書房、２００６年。

篠原一／永井陽之助編『現代政治学入門（第2版）』、有斐閣、１９８４年。

清水江一『自治体の新政策形成戦略』ぎょうせい、２０００年。

社会認識教育学会編『社会科教育学ハンドブック』明治図書、１９９４年。

――――『改訂新版　中学校社会科教育』学術図書出版社、２０００年ａ。

――――『改訂新版　公民科教育』学術図書出版社、２０００年ｂ。

――――『社会科教育のニューパースペクティブ』明治図書、２００３年。

常時啓発事業のあり方等研究会「『常時啓発事業のあり方等研究会』最終報告書」。

http://www.soumu.go.jp/mein_content/000141752.pdf（最終アクセス平成30年1月8日）。

杉浦真理『シティズンシップ教育のすすめ―市民を育てる社会科公民授業論―』法律文化社、２０１３年。

全国社会科教育学会『社会科教育学ハンドブック』明治図書、２００１年。

高山次嘉『社会科教育の回生』教育出版、１９９６年。

田中耕治／水原克敏／三石初雄／西岡加名恵『新しい時代の教育課程（第3版）』有斐閣、２０１１年。

竹中伸夫「社会問題学習における段階的内容編成」『社会科研究』75号、２０１１年、31～40ページ。

谷本美彦「西ドイツにおける政治教育の方法」『教育学部研究紀要』17号、１９７１年、１６０～

１６２ページ。

――――「政治学習の革新―『政治行動』の育成としての政治学習―」『宮崎大学教育学部紀要』38・39合併号、１９７６年、１４５～１５４ページ。

――――「高等学校の授業―科学的政治学習の授業構成原理と単元構成を中心として―」社会認識教育研究会『社会認識教育の探求』第一学習社、１９７８年、３４３～３６６ページ。

長沼豊／大久保正弘編著、バーナード・クリックほか著『社会を変える教育―英国のシティズンシップ教育とクリック・レポートから―』キーステージ21、２０１２年。

中村弘「租税の基礎理論」『税務論叢』51号、２００６年、75～１３９ページ。

西村公孝『社会形成力育成カリキュラムの研究―社会科・公民科における小中高一貫の政治学習―』東信堂、２０１４年。

日本税理士会連合会租税教育推進部『２０１７　租税教育―講義用テキスト―』２０１７年。

樋口直宏／林尚示／牛尾直行編著『実践に活かす教育課程論・教育方法論（改訂）』学事出版、２００９年。

樋口陽一／吉田善明編『解説　世界憲法集』三省堂、２００１年。

福田正弘「西独における政治教授」『岐阜工業高専学校紀要』18号、１０１～１０６ページ。

福田幸弘『税とデモクラシー』東洋経済新報社、１９８４年。

藤田詠司「社会理論を基礎とした『公民的資質』育成論―H・ギーゼッケの政治教授理論を手がかりとして―」『社会科研究』34巻、１９８６年、１１８～１２８ページ。

――――「政治的判断力育成のためのカテゴリー学習論」『高知大学教育学部研究報告』66号、２００６年、１２９～１３８ページ。

――――「政治的判断、行為能力育成を目指すドイツ政治教育学の系譜（１）―K・G・フィッシャーの事実認識を通した価値認識形成論―」『社会科研究』66巻、２００７年、1～10ページ。

――――「政治的判断、行為能力育成を目指すドイツ政治教育学の系譜（２）―W・ヒリゲンの弁証法的カテゴリー教育論―」『高知大学教育学部研究報告』70号、２０１０年、39～50ページ。

フッド、C・（森田朗訳）『行政活動の理論』岩波書店、２０００年。

松本浩毅「中学校社会科における公民学習の充実を図る授業の構想（Ⅲ）」『信州大学教育学部紀要』79号、１９９３年、1～13ページ。

水山光春「日本におけるシチズンシップ教育実践の動向と課題」『京都教育大学教育実践研究紀要』10号、２０１０年、23～33ページ。

溝口和宏「アメリカにおける公民教育と社会科学教育の統合―市民性育成のための初等カリキュラム―」『日本教科教育学会誌』19巻4号、１９９７年、１６３～１７２ページ。

嶺井明子編『世界のシチズンシップ教育』東信堂、２００７年。

宮川公男『政策科学入門（第2版）』東洋経済新報社、２００２年。

宮嶋勝『公共政策論』学陽書房、１９９０年。

宮本憲一『公共政策のすすめ』有斐閣、１９９８年。

森本直人「政治的資質育成を目指す教授方略」『社会科教育研究』42号、１９７９年、1～11ページ。

森分孝治『社会科授業構成の理論と方法』明治図書、１９７８年。

――――「社会科における思考力育成の基本原則」『社会科研究』47号、１９９７年、1～10ページ。

――――「市民的資質育成における社会科教育―合理的意思決定―」『社会系教科教育研究』13号、２００１年、43～50ページ。

文部科学省／総務省『私たちが拓く日本の未来』（高校生用副教材・教師用指導資料）、２０１５年。

山川雄巳『政治学概論』有斐閣、１９８６年。

山田格「政治教育に関する政治学的研究―Ｂ・クリックの政治教育論を中心に―」『法と政治』31巻３・４号、１９８０年、29～86ページ。

山田秀和「小・中・高一貫社会科における授業構成の基本原理―オハイオ州における各学校段階のレッスンプランを比較分析して―」『弘前大学教育学部紀要』１００号、２００８年、17～26ページ。

横山秀樹／森分孝治「市民性育成の社会科カリキュラム編成原理―テキサス州社会科カリキュラム分析―」『広島大学教育学部紀要』（第２部）49号、２０００年、83～92ページ。

吉村功太朗「アメリカ公民教科書の研究（２）―『American Citizenship』の場合―」『岐阜高専学校紀要』31号、１９９６年ａ、51～63ページ。

――「アメリカ公民教科書の研究（３）―『Civics for Americans』の場合―」同上、１９９６年ｂ、65～80ページ。

――「アメリカ公民教科書の研究（４）―育成を目指す市民的資質と民主主義観との関連―」同誌34号、１９９９年、１０３～１１８ページ。

――「英国シチズンシップテキストブックの内容構成研究―政治的リテラシーの育成を中心に―」『研究論文集―教育学・文系の九州地区国立大学間連携論文集―』５巻２号、２０１２年、77～92ページ。

――「英国シチズンシップテキストブックの内容構成研究（２）―２００７年版カリキュラムに基づく内容構成―」『宮崎大学教育文化学部紀要』30号、２０１４年、１１５～１３１ページ。

寄本勝美『政策の形成と市民』有斐閣、１９９８年。

その他各省庁のウェブサイトなど。

（英語文献）

Center for Civic Education (1995). *National Standards for Civics and Government*.

———(2009a). *We the People: Project Citizen Level 1*.

——— (2009b). *We the People: Project Citizen Level 1 Teachers Guide*.

——— (2010a). *We the People: Project Citizen Level 2*.

——— (2010b). *We the People: Project Citizen Level 2 Teachers Guide*.

Dye, T. R. (1992). *Understanding Public Policy*, 7th ed., Prentice Hall.

Easton, D. (1965). *A Framework for Political Analysis*, Prentice-Hall.

Engle, S. H. and A. S. Ochoa (1988). *Education for Democratic Citizenship: Decision Making in the Social Studies*, Teachers College Press.

Fischer, F., G. J. Miller and M. S. Sidney, eds. (2007). *Handbook of Public Policy Analysis*, CRC Press.

Hogwood, B. W. and L. A. Gunn (1984). *Policy Analysis for the Real World*, Oxford University Press.

Hood, C. (1991). "A Public Management for All Seasons," *Public Administration*, 69 (1), 3–19.

Lasswell, H. (1971). *A Pre-View of Policy Sciences*, Elsevier.

Massialas, B. G. (1996). "Criteria for Issues-centered Content Selection," *NCSS, Handbook on Teaching Social Issues*, NCSS Bulletin, 93, 44–50.

NCSS (1944). *Curriculum Standards for Social Studies*.

Parker, W. C. and W. Zumeta (1999). "Towards An Aristocracy of Everyone: Policy Study in the High School Curriculum," *Theory and Research in Social Education*, 27 (1), 9–44.

Parsons, W. (1995). *Public Policy*, Edward Elgar.

Peters, B. G. and J. Pierre, eds. (2006). *The Handbook of Public Policy*, Sage.

Walzer, M. (1980). "Political Decision-Making and Political Education," in M. Richer, ed., *Political Theory and Political Education*, Princeton University Press.

W. K. Kellogg Foundation (2004). *Logic Model Development Guide*, W. K. Kellogg Foundation.

Zack, D., et al. (1994). *Active Citizenship Today*, Close Up Foundation and Constitutional Rights Foundation.

【著者紹介】
磯崎育男（いそざきいくお）
1953年　岩手県生まれ
1976年　早稲田大学政治経済学部卒業
1978年　政治学修士（早稲田大学）
1998年　博士（政治学）（中央大学）
現　在　千葉大学教授
専　攻　政策過程論，政治教育論，政策研究
著　書『政策過程の理論と実際』（芦書房）ほか

小・中・高教師のための政策教育入門
■発　行――2018年3月26日初版第1刷
■著　者――磯崎育男
■発行者――中山元春
■発行所――株式会社芦書房
〒101－0048東京都千代田区神田司町2－5
電話03－3293－0556　FAX03－3293－0557
http://www.ashi.co.jp
■印　刷――モリモト印刷
■製　本――モリモト印刷

ISBN978-4-7556-1293-0 C0037